Anonymous

Dissertationen

Anonymous

Dissertationen

ISBN/EAN: 9783743613072

Hergestellt in Europa, USA, Kanada, Australien, Japan

Cover: Foto ©ninafisch / pixelio.de

Manufactured and distributed by brebook publishing software (www.brebook.com)

Anonymous

Dissertationen

Erklärung der Abkürzungen.

ablat. ablativus.
acc. accusativus.
ags. angelsächsisch.
ahd. althochdeutsch.
ai. altindisch.
air. altirisch.
arch. Jagić's archiv für slavische philologie.
arm. armenisch.
asl. altslovenisch (altbulgarisch, altkirchenslavisch.)
av. avestisch (zend, altbaktrisch.)
balt. baltisch.
B. B. Bezzenberger's beiträge zur kunde der indogermanischen sprachen.
bulg. bulgarisch.
čak. čakavisch. cf. seite 16, zeile 13 ff.
čech. čechisch.
dat. dativus.
engl. englisch.
franz. französisch.
gen. genitivus.
got. gotisch.
gr. griechisch.
idg. urindogermanisch.
J. F. Brugmann's und Streitberg's indogermanische forschungen.
instr. instrumentalis.
klr. kleinrussisch.
K. Z. Kuhn's zeitschrift für vergleichende sprachforschung.
lat. lateinisch.
lett. lettisch.
lit. litauisch.
loc. locativus.
nhd. neuhochdeutsch.
nom. nominativus.
osk. oskisch.
phon. stud. Vietor's phonetische studien.
plur. pluralis.
poln. polnisch.
port. portugiesisch.
Rad. Rad. jugoslavenske Akademije znanosti i umjetnosti.
serb.-kroat. serbisch — kroatisch cf. seite 6 anm.
sing. singularis.
slav. slavisch.
slov. slovenisch.
urslav. urslavisch.
voc. vocativus.
W. S. B. Wiener Sitzungsberichte.

Sachregister.

accent, gestossener und schleifender ‿ aus der idg. ursprache ererbt 2 anm. 1; wirkungen des gestossenen und schleifenden ‿ s im russ., čech. und serb.-kroat. 2 anm. 2; schleifender ‿ verkürzt den ersten Komponenten eines diphthongen im slav. 32. musikalischer und exspiratorischer. musikalischer ‿ nicht mit sicherheit aus dem mangel starker lautveränderungen zu erschliessen. 2. exspiratorischer ‿ nicht mit sicherheit aus vokalreduktion und vokalschwund zu erschliessen. 3. bezeichnung der ‿ qualitäten im serb.-kroat. 4 anm. 1. wort ‿ 1. zeile 23 ff.; freier wort ‿ im lit. und russ. im allgemeinen fortsetzung des urbaltischen bzw. urslavischen 3 anm. 2. wort ‿ des urslavischen aus der qualität des serb.-kroat. accents zu erschliessen. 4 anm. 1. freier wort ‿ bei a-, ia̯-, is̯- stämmen im lit. und slav. nur bei den im nom. sing. endbetonten 6. 11. 38. 39. (ausnahme des klr. 11.), bei ei und eu- stämmen im lit. nur bei den im nom. sing. endbetonten 40.

accentuation, anforderung an eine vollkommene darstellung der ‿ einer sprache 1.

analogiebildung. prinzip der ‿ 18 f.

ā-stämme. 2 durch betonung unterschiedene gruppen im slav. 14. 3 durch betonung unterschiedene gruppen im lit. 12 f. sing.: nom. 18; acc. 20, dat. 22, instr. 22. loc. 22, gen. 32 f., voc. 6, 7, 10. plur. nom. 32 f., acc. 32 f., dat. 20. instr. 35 f., loc. 36, gen. 23 ff.

ausgleichung der betonung im russ. 15, im čak. 16, im slav. im allgemeinen 17.

dualformen. 57.

e- stämme 3 durch betonung unterschiedene gruppen im lit. 44; sing nom. 46; acc. 47; dat. 47, 52; instr. 47, 52; loc. 47, 52; gen. 47, 52; voc. 8 ff. 47, plur. nom. 47, 52; acc. 48, 52; dat. 48, 52; instr. 48, 52; loc. 48, 52; gen. 48, 52.

ei̯- stämme. sing. nom. 44, 49; acc. 43, 49; dat. 41, 49; instr. 44, 49; loc. 41, 49; gen. 43, 49; voc. 7, 8, 43; plur nom. 41, 49, 50; acc. 44, 49; dat. 44, 49; instr. 44, 49; loc. 44, 49; gen. 44, 49.

eu- stämme, im slav. 51. ff. lit. sing. nom. 44; acc. 43; dat. 43; instr.
 43; loc. 41; gen. 43; voc. 8, 43; plur. nom. 41; acc. 44; dat. 44;
 instr. 44; loc. 44; gen. 44.
flüsterstimme 27, 28, 29 ff.
i- stämme, voc. im. idg. .
ia- stämme 3 durch betonung unterschiedene gruppen im. lit. 13; voc.
 sing. 6, 10. für die einzelnen kasus cf. ā- stämme.
ie- stämme, 3 durch betonung unterschiedene gruppen im lit. 13. 14.
 für die einzelnen kasus cf. ā- stämme.
konsonantische stämme. 54 f.
stimmlose vokale. 28.
ū- stämme, 54; voc. 8.
ъ und ь im modern-slavischen. 25 ff.

Lebenslauf.

Ich, Franz Nikolaus Finck, wurde geboren am 26. juni 1867 zu Krefeld, regbz. Düsseldorf, als jüngster sohn des fabrikbesitzers Jakob Finck. Mein Vater starb am 23. april 1894, meine mutter, Agnes, geb. Neumann, lebt noch. Meine konfession ist die römisch-katholische.

Meine schulbildung erhielt ich zunächst auf dem realgymnasium (der ehemaligen realschule) zu Krefeld, dann auf dem dortigen gymnasium, das ich ostern 1886 mit dem zeugnis der reife verliess, um in Strassburg rechts- und staatswissenschaften zu studieren. Gleichzeitig trat ich als einjährig-freiwilliger in das 2. niederschlesische infanterie-regiment nr. 47 ein. Während meines dienstjahres fasste ich den entschluss, mich dauernd dem aktiven heeresdienste zu widmen. Ostern 1887 mit dem regiment nach Posen versetzt, erhielt ich dort am 17. september 1887 meine beförderung zum sekond-lieutenant. Dezember 1890 wurde ich aus gesundheitsrücksichten auf mein gesuch hin unter à la suite-stellung nach dem ausland beurlaubt. Im sommersemester 1891, noch im heeresdienste, begann ich darauf in München das studium der philologie. Nach bewilligung des inzwischen eingereichten abschiedsgesuches studierte ich dann noch zwei semester in Paris und drei in Marburg.

Ich hörte die vorlesungen, bzw. beteiligte mich an den übungen, folgender herren professoren und dozenten:

Brenner, Breymann, Geiger, Friedrich in München; Bréal, Havet, P. Meyer, G. Paris, Oppert in Paris; Cohen, Justi, Kehr, Köster, Edw. Schröder, Stengel, Vietor in Marburg.

Allen diesen herren bin ich selbstverständlich zu dank verpflichtet. Dank für unmittelbare unterstützung bei dieser arbeit schulde ich dreien: herrn prof. Vietor für stets bereitwilligen rat in fragen der lautphysiologie, herrn prof. Schulze für eine bis auf viele einzelheiten sich erstreckende besprechung und belehrung, herrn prof. Justi für eine teilnahme, die diese arbeit vom ersten der verschiedenen entwürfe bis zum abschluss begleitet hat, eine teilnahme, die mich in verbindung mit dem, was sein verkehr mir geboten, zu einem kaum abzutragenden danke verpflichtet.

Die Composition des deuteronomischen Richterbuches.

(Richter II, 6—XVI).

Inaugural-Dissertation,

welche samt den beigefügten Thesen

zur

Erlangung der Würde eines Licentiaten der Theologie

mit

Genehmigung der Hochwürdigen Theologischen Facultät zu Marburg

am 11. Mai 1895, Vormittags 11 Uhr, in der Aula der Universität

öffentlich vertheidigen wird

Wilhelm Frankenberg.

Opponenten:

Herr Lic. theol. Dr. phil. R. Kraetzschmar, Privatdozent an der Universität Marburg.
Herr Cand. theol. Wilh. Schüler, Repetent am Seminarium Philippinum.

Marburg.
Universitäts-Buchdruckerei (R. Friedrich).
1895.

Thesen.

1) Die Heiligkeit Gottes ist im A. T. nicht eine ethische Eigenschaft, sondern eher eine physische.
2) Die religiösen und sozialen Voraussetzungen in Prov. I—IX sind dieselben wie in der Weisheit des Sirach.
3) Prov. I—IX ist in Jerusalem verfasst.
4) Die Sprüche des Menander*) sind ein jüdisches Produkt, das mit der Proverbienlitteratur in naher Verwandtschaft steht.
5) Die Gottlosen, die als Verfolger der Frommen in den Psalmen angeklagt werden, sind für gewöhnlich abgefallene Juden.
6) Die Erwähnung der Eroberung No-Ammon's Nah. III, 8 f. gestattet keinen Schluss auf die Abfassungszeit des Buches Nahum.
7) Nicht der Stoff, sondern die Art der Behandlung macht die neutestamentliche Einleitung zur theologischen Disziplin.
8) $\Pi i\sigma\tau\iota\varsigma$ ist im Hebräerbrief hauptsächlich $\delta\mu o\lambda o\gamma i\alpha$ $\tau\tilde{\eta}\varsigma$ $\dot{\epsilon}\lambda\pi i\delta o\varsigma$ mit der Erwartung der $\mu\iota\sigma\vartheta\alpha\pi o\delta o\sigma i\alpha$.
9) Die lehrhaften Ausführungen des Hebräerbriefes stehen im Dienste des praktischen Zweckes des Schreibens.

---

*) Lund, anecd. syr. I. S 64 ff.

10) Die Gründe, welche Dionysius Alex. (Euseb. h. e. VII, 25.) gegen die Einheit des Autors der Johannes-Apokalypse und des Verfassers des vierten Evangeliums anführt, sind heute noch entscheidend.

11) Die Predigt braucht sich nicht mit sozialen Fragen zu beschäftigen, um sozial zu wirken.

12) Der persönliche Glaube ist nicht die Quelle der Predigt, sondern das Mittel zum Verständnis der in der Predigt auszulegenden Gedanken des Textes.

13) Die christliche Gemeinde hat nicht nur das Recht, sondern die Pflicht, dafür zu sorgen, dass die in ihr herrschenden christlich-sittlichen Grundsätze auch in der Gesetzgebung zum Ausdruck kommen.

14) Die sozialen Fragen der Gegenwart sind eine Folge der Entwicklung der materiellen und ideellen Kultur einerseits, sowie der Evolution innerhalb der christlichen Kirche seit der Reformation andrerseits.

Einleitung.

Mit der Composition des deuteronomischen Richterbuches bezeichne ich die Frage nach der Zusammensetzung und dem Aufbau des litterarisch zusammengehörigen Stückes Richter II, 6—XVI. Die Gründe für die Zusammenfassung dieser Kapitel, welche im Laufe der Untersuchung noch klarer hervortreten werden, sind nach Wellhausens (S. 215) präziser Fassung folgende:

1) Die Gleichartigkeit des Stoffes, sofern nur hier von den (zwölf) Richtern gehandelt wird;
2) die nur in diesem Stück durchgeführte schematische Form der Chronologie und des religiösen Pragmatismus.

Deuteronomisch nenne ich das uns vorliegende Stück des Richterbuches, weil der religiöse Pragmatismus, welcher dem Buche seinen Charakter verleiht, auf Grund des Deuteronomiums entstanden ist.

Die folgende Untersuchung beschränkt sich auf das deuteronomische Richterbuch, weil nach meiner Ansicht ein tieferer Einblick in den ursprünglichen Bestand und die historische Entstehung dieses Buches von der Vergeblichkeit der immer wieder auftauchenden Versuche, eine litterarische Brücke zwischen dem Hexateuch und unserem Richterbuch zu schlagen und die Quellen des Hexateuches in den Richtergeschichten wiederzufinden, von selbst zu überzeugen vermag. Im Übrigen konnte und wollte sich der Verfasser selbstverständlich nicht der weitschichtigen und undankbaren Aufgabe unterziehen, die Unwahrscheinlichkeit der darauf sich beziehenden Vermutungen Buddes nachzuweisen; er begnügt sich, hier und da, soweit ihm dies auf dem Boden seiner Arbeit möglich ist, auf besonders schwache

Punkte in der Aufstellung Buddes aufmerksam zu machen. Sein positives Streben ging dahin, eine genauere Einsicht in die Entstehung unseres Buches zu gewinnen und womöglich deutlichere Spuren der vordeuteronomischen Redaktion zu entdecken und diese nach Umfang und Art näher zu beschreiben. Die in der Untersuchung einzuschlagende Methode ist klar vorgezeichnet. Bei der mannigfachen Art der Zusammensetzung der alttestamentlichen Schriften giebt es nur einen Weg, um zu einer Anschauung von ihrer Entstehung zu gelangen. Man hat zunächst aufzulösen, Zusammengesetztes zu trennen und Getrenntes, aber Zusammengehöriges zu verbinden und zu verknüpfen; nur so erkennt man, was ursprünglich und was später hinzugefügt ist. Hat man auf diese Weise gleichsam rückwärts einen Einblick gethan in den ursprünglichen Bestand der betreffenden Schrift, so handelt es sich weiter darum, das Buch von diesem Kerne aus gewissermassen noch einmal litterarisch vor uns entstehen zu lassen, wie es allmählich zu dem geworden ist, was es jetzt ist. Das ist der Weg der Synthese, die das vollendet, was durch die kritische Analyse des gegebenen Stoffes erst ermöglicht und angebahnt worden ist. Wir haben uns demnach in dem vorliegenden Falle zunächst mit einer kritischen Analyse des in Richter II, 6—XVI enthaltenen Stoffes zu beschäftigen. Dies wird die Aufgabe des ersten Hauptteiles unserer Untersuchung sein. Auf Grund solcher kritischen Analyse betrachten wir im zweiten Hauptteil genauer die Quellen und ihre Redaktion. Hiermit wird uns der Stoff geliefert, um im dritten Hauptteil unsere Ergebnisse zusammenzufassen und in die sonst feststehende Entwickelung der alttestamentlichen Litteratur einzuordnen, d. h. die allmähliche Entstehung des deuteronomischen Richterbuches bis auf seinen jetzigen Bestand zu skizzieren.

L.
Kritische Analyse von Richter II, 6—XVI.

Das ganze Kapitel II stammt von v. 6 an von demselben Verfasser; v. 6—9 ist aus Josua XXIV, 28—31 wiederholt. Nachdem der Tod Josua's und seiner ganzen Generation berichtet worden ist, folgt in v. 11 ff. ein gewisses religiöses Schema, nach welchem die Geschichte Israels verlaufen sein soll: nach Josua's Tode fallen die Israeliten von dem wahren Gotte ab und dienen fremden Götzen. Jahwe, darüber erzürnt, giebt sein Volk in die Gewalt auswärtiger Feinde; wenn aber die Kinder Israel in ihrer Not und Bedrängnis Busse thun und zu Jahwe rufen, dann giebt er ihnen einen »Richter« oder Helfer und jedesmal, wenn er ihnen einen solchen Richter erweckt hat, ist er mit demselben — jedesmal aber nach dem Tode des Richters machen es die götzendienerischen Israeliten ärger denn zuvor, v. 18—19. Die vv. 11—19 führen uns also in gar keine bestimmte Zeit nach Josua, sie geben nur die ausnahmslose Regel an, nach der jedesmal die Geschichte verlaufen ist; es ist nicht so, dass uns v. 11 ff. in die Zeit nach dem Tode Josua's führte, v. 18 f. dagegen das Ende der Richterperiode zeichnen wollte: die vv. 11—19 schweben in einer zeitlich ganz unbestimmten Sphäre. Der Abschnitt v. 20 ff. will uns aber direkt in die Zeit nach Josua's Tode versetzen: Josua ist gestorben und hat im folgenden Kapitel namentlich aufgeführte Völker übrig gelassen, die Jahwe benutzt, um Israel durch sie zu prüfen, ob das Volk in seinen Wegen wandeln werde oder nicht. Es ist klar, dass das ויחר אף י׳ בישראל v. 20 die Schilderung von dem Abfalle des Volkes v. 11 ff. voraussetzt, aber es ist unleugbar, dass wir aus der unbestimmt schwankenden, zeitlosen Sphäre, in der sich v. 11—19 bewegt, mit v. 20 ff. in eine bestimmte Zeit und durch die Namen der Völker III, 3 in konkrete Verhältnisse geführt werden. Aber man hat kein Recht, zur Erklärung dieser letzteren Thatsache mit Budde (nach Bertheau) von v. 20 an eine neue Quelle anzunehmen. Es braucht nicht erst bewiesen zu werden, dass das Stück v. 11—19 mit dem folgenden v. 20 ff. denselben Stil und denselben Geist zeigt. Die Verschiedenheit in der Situation erklärt sich einfach daraus, dass v. 11—19 ein ganz abstraktes, leeres Schema giebt, während in v. 20 ff. ein konkretes historisches Stück verarbeitet ist, enthaltend die Namen der von Josua übrig gelassenen Völker, III, 3. Durch dieses Stück, das der Verfasser des zweiten Kapitels als älteren Bestand aufgenommen hat, erklärt sich die Verschiedenheit von v. 11—19 und v. 20 ff. hinlänglich, während die Annahme einer neuen Quelle, von v. 20 an, die Einheit der beiden Stücke nach Form und Inhalt unverstanden lässt.

Der doppelte Ansatz II, 23 und III, 1 nicht minder wie die doppelte Absicht, welche Jahwe bei der Erhaltung dieser Völker für Israel verfolgt, beweisen genugsam, dass die Liste der Gojim III, 3 von dem Erzähler übernommen ist; das לנסות בם אח־איש III, 1 ist nach dem Verfasser von II, 22 der Heilszweck, den die fremden Völker im Ratschlusse Gottes erfüllen sollen, während nach der anderen, ursprünglichen Anschauung die kriegsgeübten Kanaaniter die rohen Nomadenstämme den Krieg lehren sollen; deshalb vertilgt Jahwe die Feinde Israels nicht eiligst, sondern nach und nach. Übrigens hat schon Studer (S. 73 f.) die Unvereinbarkeit dieser beiden einander widersprechenden Motive klar erkannt und dieselben zwei verschiedenen Verfassern zugewiesen. Die drei ersten Verse des dritten Kapitels sind in der jetzigen Textverfassung unheilbar verdorben, das doppelte רק in v. 2 ist auffällig und nicht recht verständlich, erst mit v. 4 tritt die spätere Auffassung (II, 22 — wo übrigens entweder בם zu ändern ist oder דרך) wieder klar zu Tage. Ebenso stimmt v. 5—6 im Geiste ganz mit II, 11 ff. überein: בקרב v. 5 entspricht dem סביב II, 12. 14; die Israeliten bestehen nicht in der Prüfung, sie übertreten die Gebote Jahwes, vermischen sich mit heidnischen Völkern und dienen fremden Götzen.

Der Hauptbestand von II, 6 ff. wird übereinstimmend (vergl. Bertheau S. XXV ff.) dem deuteronomischen Überarbeiter der geschichtlichen Bücher des Alten Testamentes, dem Deuteronomisten, zugeschrieben. In v. 11—19 haben wir sein eigenstes Werk, das geschichtsphilosophische Schema, in welchem er die Historie Israels verlaufen lässt, während seine Thätigkeit in v. 20 ff. durch die Aufnahme eines älteren Berichtes und anderer Anschauungen beschränkt und modifiziert ist; die Aufnahme der fremden, der seinigen ganz widersprechenden Ansicht von dem Zwecke der Gojim für Israel zeigt, dass er bei Verarbeitung älterer Bestandteile nicht allzu ängstlich und vorsichtig verfährt. — Als spätere Zusätze in dem deuteronomistischen Texte sind nur v. 13 (nach v. 11—12 überflüssig) und v. 17, als rigorose Übertreibung, die mit der Anschauung des Deuteronomisten im Widerspruche steht, zu streichen. Vergl. dazu Kuenen I. 2. § 18. Anm. 2, der auch in III, 2 רעה mit LXX streicht.

Eine sehr komplizierte Ansicht von II, 20—III, 6 vertritt Budde (S. 156 ff., in Anlehnung an Bertheau S. VIII f. S. XXV ff.). Mit v. 20 ff. lässt er eine neue Quelle (E) beginnen, in die ein älteres Stück, II, 23—III, 3 (J), mit Modifikationen aufgenommen sei; die Vereinigung dieser beiden Berichte sei erst durch einen nachdeuteronomistischen Redaktor nachgetragen worden, III, 4 sei noch später. Dem ist zu entgegnen, dass, wie oben gezeigt, bei richtigem Verständnis sich der scheinbare Widerspruch zwischen v. 20 ff. und den vorhergehenden vv. 11—19 löst. Weiter ist als auf eine Thatsache darauf zu verweisen, dass in Form und Inhalt kein Unterschied zwischen v. 11—19 und v. 20 ff. besteht: zu עבר ברית v. 20 vergl. II. Könige XVIII, 12, auf ל שמע v. 20 ist gar kein Gewicht zu legen. In v. 22[b] muss freilich auch Budde das entschieden Deuteronomistische in der Sprache anerkennen, aber deshalb muss dieser Vers »als erläuternder Zusatz gefasst werden, und dazu berechtigt auch der unvermittelte Übergang von der Rede Jahwes zu Reflexionen des Erzählers«! Da nun dadurch v. 22[a] doch etwas unvollständig werden würde, schliesst Budde sogar die Möglichkeit, es möchte der ganze v. 22 eingeschoben sein, nicht aus, so dass dann das Motiv der Prüfung ganz zu streichen wäre. Sehr wohl; aber dann wird III, 5 f. ganz unverständlich; denn diese Verse wollen eben für jeden, der die Gesetze des Deuteronomiums kennt, besagen, dass die Kinder Israel in dieser מסה unterlegen sind; vergl. Deuter. VII, 3 und v. 4, wo das als Befürchtung ausgesagt ist, was hier III, 6b eintritt, vergl. auch I. Könige XI. 2 ff. III, 4 zu streichen ist sehr willkürlich; die vv. 4—6 gehören zusammen und reden so deutlich deuteronomistische Sprache, dass Buddes Ansicht nicht überzeugend erscheint.

III, 7—11 enthält die Geschichte des ersten Richters Othniel ben Kenas; sie ist weiter nichts, als das historische Schema II, 11 ff. mit Namen und Zahlen ausgefüllt und ist nach übereinstimmendem Urteil der Kritik (vergl. Kuenen I. 2. § 19. Anm. 1) wörtlich von dem Deuteronomisten verfasst: bis auf ganze Sätze kehren dieselben Ausdrücke in derselben Folge wieder, wie in II, 11 ff.; vergl. v. 7 mit II, 11 f., v. 8 mit II, 14, v. 9 mit II, 16. Dazu ist die Anschauungsweise ganz die des Verfassers von II, 11 ff.: nicht einzelne Stämme handeln, sondern die »Kinder Israel« erscheinen als kompakte Gesamtheit unter einem allgemein anerkannten Oberhaupte. Othniel ben Kenas, der nach dem alten Berichte I, 12 ff. ein Judäer ist (vergl. dazu Studer S. 77 ff.), ist hier zum שפט aller Israeliten geworden. Unter solchen Umständen sollte man sich hüten, auf Grund der wohlfeilen Namen und Zahlen eine ältere Überlieferung glaublich machen zu wollen (gegen Bertheau S. XX. S. 71 ff.). Ausserst wichtig ist v. 7—11 unseres Kapitels dadurch, dass uns hier ein Muster nach dem Schema von II, 11 ff. anschaulich vorgeführt wird: Abfall des Volkes zu fremden Göttern, Zorn Jahwe's über die Abtrünnigen, Strafe mit genauer Zeitangabe, wie lange die Züchtigung dauert, Bekehrung der Israeliten zu Gott. Helfer durch Jahwe erweckt, Besiegung der Feinde mit Jahwe's Hülfe, und zum Schluss Angabe der Ruhezeit, welche Israel unter diesem Erretter genossen hat; dies Schema werden wir bei den meisten Richtern wiederfinden.

Die folgenden vv. 12—30 erzählen die Geschichte des Ehud ben Gera. Nach dem Tode Othniel's thun die Kinder Israel wieder, was böse ist in den Augen Jahwe's, der sie für ihren Abfall durch den König Eglon von Moab züchtigt. Eglon verbündet sich mit den Ammonitern und Amalekitern und erobert in siegreichem Kampfe עיר החמרים d. h. Jericho. Nach achtzehnjähriger Bedrückung durch die Moabiter schreien die Israeliten zu Jahwe, der ihnen als »Helfer« den Benjaminiten Ehud ben Gera sendet. Dieser wird von den Israeliten mit einem Tribut an Eglon gesandt, befreit durch gewaltsame kühne That sein Volk von seinem Unterdrücker und entkommt in Sicherheit, während die Moabiter noch über die That entsetzt zaudern, v. 15—26. Als er im Gebirge Ephraim ankommt, stösst er in die Kriegstrompete; die Kinder Israel stellen sich sogleich unter seinen Oberbefehl und bereiten unter seiner Führung den Moabitern eine furchtbare Niederlage an den Furten des Jordan, v. 27—30.

In der Einleitung zur Hauptepisode, v. 12—15a, ist die Hand des Deuteronomisten sehr deutlich bemerkbar: Stil und Ton sind die seinigen. Nach dem Abfalle der Israeliten wird die von Jahwe über ganz Israel gesandte Strafrute direkt genannt, ganz wie bei Othniel, den der Deuteronomist als das Muster eines Richters vorgezeichnet hat, v. 7 ff. V. 13 scheint dagegen eine aufgenommene Notiz zu sein, die das gewöhnliche Schema durchbricht, welches in v. 14 fortgesetzt wird, vergl. v. 12 und v. 14 mit v. 8. In v. 15a kommt auf das bussfertige Schreien Israels hin der von Jahwe erweckte Helfer, vergl. damit v. 9. Die hierauf folgende charakteristische und in sich abgeschlossene Geschichte von der kühnen Heldenthat Ehud's, v. 15b ff., hat der Erzähler ganz aufgenommen; es weht ein ganz anderer Geist in diesem Berichte als in den voraufgehenden allgemeinen Phrasen, und die Sprache hat mit der des Deuteronomisten gar nichts gemein. Dagegen könnte man Spuren des Überarbeiters in den ebenfalls zusammengehörigen vv. 27—30 entdecken, vergl. v. 28:

נחן י" את־איביכם את־מואב בידכם

mit v. 10 "ויתן י" בידו וגו' und II, 14 und ferner, offenbar vom Deuteronomisten herrührend, v. 30b mit v. 11a. Mit dieser sprachlichen Eigentümlichkeit stimmt die Thatsache der religiösen Anschauungsweise gut zusammen: die geknechteten Israeliten stehen wie ein Mann auf unter dem Befehle ihres von Gott gesandten Führers Ehud; Jahwe handelt für sein Volk, er giebt ihm die Moabiter in die Hand. Vollends unmöglich wird der Bericht v. 27 ff. als Fortsetzung zu der voraufgehenden individuellen Episode durch seine ungeschichtlichen Voraussetzungen. Der Eroberungszug des Moabiterkönigs Eglon gilt dem Stamme Benjamin: das eroberte Jericho gehört zu Benjamin, Ehud, der den Tribut überbringt, ist ein Benjaminit, und שעיר oder auch שעירה, wohin Ehud flüchtet, liegt nicht in Ephraim, sondern ist eine waldige Berggegend in Juda; die Nordstämme haben mit der spezifisch benjaminitischen Angelegenheit gar nichts zu thun. In v. 27 ff. dagegen handeln die Kinder Israel als eine geschlossene nationale Einheit: die Ephraimiten machen wie ganz selbstverständlich des flüchtigen Benjaminiten Sache zu der ihrigen und ordnen sich seiner Führung unter, während sein Stamm Benjamin unthätig zu Hause sitzt. Endlich ist die Vorraussetzung, dass die Moabiter den kühnen Benjaminiten verfolgen, unter der allein das v. 27 ff. Erzählte möglich ist, durch v. 26 ausgeschlossen. Zu bemerken ist noch, dass in dem hebräischen Texte v. 26 das καὶ οὐκ ἦν ὁ προςνοῶν αὐτῷ der LXX (cod. B) wahrscheinlich ausgelassen ist.

In III, 15 ff. wird das Wagestück des Benjaminiten Ehud erzählt, der durch kühne That seinen Stamm von seinem Fronherrn befreit; mit der glücklich gelungenen Flucht des Helden, v. 26, ist die Geschichte zu Ende. Es ist nur ein kleines, aber scharf gezeichnetes Bild, eine kurze, lebendige Episode aus jener bewegten Zeit. Diese Erzählung hat der Redaktor fast unverändert aufgenommen — nur waren v. 15b die »Kinder Israel« nicht die Sendenden — und darauf grob genug eine allgemeine Geschichte nach seiner Manier folgen lassen, um seiner geschichtlichen Anschauung Genüge zu thun, die eine schliessliche Überwindung der Feinde durch die Israeliten unter Führung eines gottgesandten Helfers forderte.

Die Notiz über Samgar ben Anath III, 31 ist scheinbar flüchtig hingeworfen, der Verfasser weiss offenbar nichts von seinem Helden. Wir vermissen die genaue Zeitbestimmung und den gewöhnlichen religiösen Pragmatismus; dieser »Richter« fällt sichtbar ganz aus dem bisherigen Rahmen heraus. Samgar ist ebenso wie Othniel aus einer älteren Notiz (V, 6) aufgegriffen und zu einem Richter zurecht gemacht worden (anders Bertheau S. 81 f.). Woher ihn der Verfasser als Philisterbekämpfer kennt, wissen wir nicht; jedenfalls waren die israelitischen Stämme in den Zeiten der Deborah und früher noch nicht mit den Philistern an der Meeresküste in feindliche Berührung gekommen. (Vergl. Wellhausen S. 218 Anm. 1)

Die Geschichte von der Richterin und Seherin Deborah umfasst die Kapitel IV und V. Kapitel IV bringt in den drei ersten Versen die Erzählung von der Bestrafung der sündigen Israeliten durch die Knechtschaft unter Jabin von Hasor und dessen Feldhauptmann Sisera, die Bekehrung des bedrückten Volkes und die Zeitdauer der kanaanitischen Herrschaft. In v. 4 ff. wird die Niederlage Siseras durch Deborah und Barak am Taborberge in der Ebene des Kison erzählt und der Untergang des flüchtigen Feldhauptmannes durch Jael, das Weib des Keniters Heber. — Dieser Bericht ist in sich abgeschlossen, nach Sprache und Inhalt gleichartig, irgend eine in demselben verarbeitete ältere Überlieferung lässt sich nicht erkennen. V. 11 unterbricht den Zusammenhang und ist eine später eingeschobene gelehrte Notiz. Budde möchte im Hinblick auf III, 28 auch v. 14ᵃ unseres Kapitels für einen Einschub des Redaktors erklären; dazu ist aber hier ebensowenig ein Grund vorhanden wie an jener Stelle. Wenn Budde als Grund der Ausscheidung die religiöse Wendung dieses Verses anführt, dann müsste er in unserem Kapitel so ziemlich Alles streichen; dass die Szenerie in IV, 14 und III, 27 ff. sehr ähnlich ist, lässt sich freilich nicht bestreiten. Am Schluss der Geschichte, v. 23, entdecken wir dieselbe Hand wie in III, 30ᵃ. — Das charakteristische Plus der LXX nach v. 8: $\H{o}\tau\iota$ $o\vec{v}\varkappa$ $o\tilde{\iota}\delta\alpha$ $\tau\grave{\eta}\nu$ $\grave{\eta}\mu\acute{\epsilon}\varrho\alpha\nu$ $\grave{\epsilon}\nu$ $\tilde{\eta}$ $\epsilon\vec{v}o\delta o\tilde{\iota}$ $\tau\grave{o}\nu$ $\ddot{\alpha}\gamma\gamma\epsilon\lambda o\nu$ $K\acute{v}\varrho\iota o\varsigma$ $\mu\epsilon\tau$' $\grave{\epsilon}\mu o\tilde{v}$[1]) — ist übrigens nicht so leichthin mit Bertheau (S. 88) als ein erklärender Zusatz zu bezeichnen, vergl. Studer S. 106 f.

Über das Deborahlied, mit dessen schwieriger Erklärung sich in erster Linie die Textkritik abzugeben hat, müssen wir uns hier kurz fassen. Die Streichungen, welche Müller vorschlägt, halte ich alle für berechtigt; wo er ergänzen will, kann ich ihm nicht zustimmen. Wo Müller eine Lücke vermutet, führt er als Grund das angebliche System des Versbaus, den regel-

---
1) cod. B.

mässigen Wechsel zwischen zwei- und viergliedrigen Versen, an. Aber so sicher es auch ist, dass die Verse nur zwei oder vier Glieder haben, so wenig steht jener gesetzmässige Wechsel zwischen zwei- und viergliedrigen Versen fest, s. gleich den Anfang des Liedes v. 3 f. sowie v. 24 ff. und dazu Müller S. 13 f. und S. 14 f., wo zu verzweifelten Mitteln gegriffen wird, um die Hypothese durchzusetzen. Was v. 7b betrifft, so glaube ich mit Budde, dass dieser Vers zu streichen ist; abgesehen davon, dass ein dreigliedriger Vers im Liede unerhört ist, beginnt mit dem zweiten חדלו v. 7 ein neues Glied, das durch v. 7b verdrängt ist, auch wird durch das עד שקמתי דברה die Schilderung des Elendes in Israel verfrüht (vergl. v. 8b) abgebrochen — v. 8a ist ganz unverständlich, vergl. Müller S. 17. — Ferner bemerke ich, dass v. 2 unmöglich am Anfang des Liedes gestanden haben kann, das Lied beginnt vielmehr mit v. 3: »merkt auf, ihr Könige, hört zu, ihr Fürsten!« Es ist ja klar, dass v. 2 ganz isoliert und unverständlich ist, — zum Beweis möchte ich auf die mühseligen Versuche Berthenus, v. 2 mit v. 3 inhaltlich und sprachlich in Verbindung zu bringen, hinweisen — und es ist ebenso bekannt, dass Lieder und prophetische Ansprachen mit einer imperativischen Aufforderung zum aufmerksamen Zuhören beginnen, vergl. Deuter. XXXII, 1 ff. Jesaia I, 2. Joel I, 2. Micha I, 2, auch Exod. XV, 1 ff. Dass übrigens v. 2 echt und alt ist, beweist das charakteristische בפרע פרעות. — Die drei Glieder von v. 12, den Aufruf an Deborah und Barak enthaltend, gehören offenbar zu einem Vers zusammen; dieser Vers war ursprünglich viergliedrig, und der Einschnitt ist hinter ברק vor ושבה zu machen. — Ob der Schluss des Liedes, v. 31, ursprünglich ist? Die Bezeichnung Sisera's als »Feind Jahwe's« liegt wenigstens der Anschauungsweise des Liedes fern, diese Worte reden aus einem ganz anderen Geiste und können mit ihrem allgemeinen Inhalte den Eindruck des Liedes nur abschwächen: diese Psalmenworte sind wahrscheinlich zu streichen.

Was das Verhältnis des Liedes zu der prosaischen Erzählung in Kapitel IV betrifft, so steht es für mich nach den Beobachtungen Wellhausens (S. 220 ff.) fest, dass nicht nur die poetische Darstellung das Ursprünglichere hat, sondern auch, dass die Geschichte im vierten Kapitel ganz von dieser abhängig ist, s. auch unten S. 46 f. Vergl. die Gegengründe bei Bertheau (S. 84 ff.) und abschliessend Kuenen I. 2. § 19. Anm. 3. Die Zeitangabe am Ende von Kapitel V stammt von derselben Hand wie IV, 3 b, III, 30. 14. 11. 8.

In der Gideongeschichte VI, 1—VIII, 28 besitzen wir nicht eine einheitlich verlaufende Erzählung von der Besiegung der Midianiter durch Gideon, sondern zwei ganz verschiedene Berichte desselben Hergangs, die nur ganz äusserlich mit einander verbunden sind. Diese Entdeckung ist das Verdienst Studer's (S. 212 ff.), dessen schliesslich doch zaghafte Aufstellungen (vergl. S. 215) namentlich Wellhausen weiter begründet hat. Vergl. auch Kuenen I. 2. §. 19. Anm. 4 und die Gegengründe bei Bertheau S. XXII. S. 158 ff.

Die eine Erzählung hört mit VIII, 3 auf, die andere fängt mit VIII, 4 an. Beiden Geschichten ist gemeinsam, dass Gideon aus Ophra an der Spitze von 300 Mann gegen Midianiter in siegreichem Überfalle kämpft, wobei zwei feindliche Häuptlinge den Siegern in die Hände fallen. Die näheren Verhältnisse sind aber nach den beiden Versionen sehr verschieden. In VI, 1— VIII, 3 wird nach einer Schilderung des Elendes in Israel durch die jährlichen Einfälle der räuberischen Midianiter, VI, 1—10, Gideon ben Joas durch den Engel Jahwe's noch vor dem diesjährigen Einfalle der Feinde zum Retter Israels aus der Hand seiner Bedränger berufen. Infolge einer zweiten Theophanie bei Nacht bestätigt er seinen Eifer für Jahwe und seinen Hass gegen Baal durch Zerstörung des Götzenaltars und Verbrennung der Aschera und erhält deshalb den Namen ירבעל. Unterdessen sind die midianitischen Horden in das Land eingebrochen, der Geist Jahwes ergreift den Gideon, welcher an der Spitze seines Geschlechtes Abieser und des israelitischen Aufgebots den Feinden entgegenzieht, nachdem er vorher noch ein bestätigendes Zeichen von Elohim erhalten hat, dass er wirklich der Retter Israels werden soll. Durch göttliche Anordnung werden die 32,000 Mann, die Gideon anfänglich bei sich hat, allmählich auf 300 reduziert, Gideon kundschaftet bei Nacht das feindliche Lager aus, überfällt in drei Haufen die sorglosen Midianiter und versprengt sie vollständig. Die Israeliten kommen ihm zu Hülfe, verfolgen die flüchtigen Feinde und besetzen die Übergänge des Jordan. Die Ephraimiten haben das Glück, die Häupter der beiden Fürsten Midians, Oreb und Seeb, dem Gideon überbringen zu können, der ihren Zorn und Unmut darüber, dass er sie nicht gleich anfangs aufgeboten hätte, durch den Hinweis auf ihre ruhmvolle Kriegsbeute beschwichtigt. — Ganz anders ist der Hergang nach VIII, 4—21. Gideon ist mit 300 Mann auf der Verfolgung hinter zwei »Königen« (מלכים) der Midianiter, Sebach und Salmunna, welche seine Brüder am Tabor getötet haben. Er handelt also nicht im Auftrage Jahwe's, auch nicht im Interesse der »Kinder Israel«, sondern wegen einer persönlichen und privaten Angelegenheit jagt er den flüchtigen Midianitern nach, überfällt ihr sorgloses Lager und ergreift die beiden Könige auf 'der Flucht. Nach einem Strafgerichte an den Städten Sukkoth und Pnuel vollzieht er an den gefangenen Königen Recht und Pflicht der Blutrache.

Mit der Angabe der Unterschiede zwischen beiden Versionen ist zugleich entschieden, welche von beiden die geschichtlichere ist. Die kurze, gut motivierte, klar und deutlich verlaufende Darstellung VIII, 4 ff. hat offenbar den Vorzug der Glaubwürdigkeit vor der breiten, allgemeinen, widerspruchsvollen Geschichte VI, 1—VIII, 3. Bereits bei Ehud aus Benjamin haben wir gesehen, wie solche Kriegsthaten einzelner Stammeshelden zu allgemeinen, unter göttlicher Hülfe vollführten Heilsthaten für ganz Israel aufgebauscht werden; einer späteren Zeit erschienen die Heldenthaten einzelner Stämme immer als Leistungen ganz Israels, weil der Darsteller die nationale Einheit des Israel seiner Zeit in die Vergangenheit zurücktrug. Dieser Prozess der Verallgemeinerung und damit zusammenhängend die religiöse Betrachtungsweise jener Geschichten begann schon früher, wie der Kern unserer Darstellung zeigt, der gewiss ziemlich lange vor das Deuteronomium fällt. In der uns überlieferten Form ist allerdings jener ältere Kern mehrfach überarbeitet und erweitert. VI, 1—10 trägt stellenweise stark deuteronomistisches Gepräge: zu v. 1 vergl. III, 7. 12. IV, 1. zu v. 2a vergl. III, 10b; ausgesprochen deuteronomistisch ist VI, 7—10 (vergl. Bertheau S. XXII. S. 131 ff.).

Der ältere Bestand von v. 1—6 (v. 2 b ff.) schildert die Not und Bedrängnis der Israeliten durch die jährlichen Einfälle der Midianiter, Amalekiter und Bne Kedem, vergl. v. 11 b. In v. 7 ff. tritt ein unbekannter Nabi auf und hält den sündigen Kindern Israel eine Strafpredigt. Die Situation ist ganz unklar, die Rede schwebt völlig in der Luft und bewegt sich in allgemeinen Phrasen einer späten, vom Deuteronomium beeinflussten Zeit: man vergl. nur zu v. 8 b Deuter. I, 27. VI, 12. 21. VII, 19. VIII, 14; zu v. 9 a vergl. I. Sam. XII, 10. 11. II. Könige XVII, 39. XVIII, 29 (Richter VIII, 34) zu להציבכם v. 9 a vergl. Richter II, 18 b. IV, 3, II. Könige XIII, 4. 22 zu v. 9 b vergl. II, 3; אח־א לכם ואחנה v. 9 b kommt in dieser Verbindung im Deuteronomium unzählige Male vor; das Verbot לא תיראו v. 10 a weist deutlich auf deuteronomische Stellen zurück, vergl. Deuter. I, 29. 30. III, 22. VII, 18. 21. IX, 3. XX, 1. 3—4. XXXI, 3. 6. 8. II. Könige XVII, 35. 37 b. 38 b. Diese letzteren deuteronomistischen Stellen sind besonders überzeugend: II. Könige XVII, 35 ff. bringt ganz dieselben Gedanken, wie unsere Rede, nur in gerade umgekehrter Reihenfolge. Zu dem »Amoriter« v. 10 a vergl. Deuter. I, 19 ff. I. Könige XXI, 26. II. Könige XXI, 11; zu בקול י שמע v. 10 b vergl. Deuter. IX, 23. XIII, 5. XXVI, 14. 17. XXVII, 10. XXVIII, 1. 2. 15. 45 u. s. w. Ausserdem erscheint die Rede des unbekannten Propheten als in den Zusammenhang eingeschoben. Der Anschluss an v. 1—6 ist sehr schwerfällig dadurch erreicht worden, dass v. 7 a v. 6 b wieder aufnimmt. Studer (S. 174) sagt sehr richtig von dieser Rede, sie sei »so lose eingefügt, dass sie ohne die geringste Störung des Zusammenhangs weggelassen werden könnte.«

Nachdem sich die Kinder Israel wieder zu Jahwe bekehrt haben, bringt v. 11 ff. den Namen und die Erwählung des gottgesandten Helfers in der Not. Das Stück scheint bis auf v. 13 b unverändert erhalten zu sein; in v. 13 b ist der Anschluss an v. 13 a nicht ganz leicht — (man vergl. besonders den Wechsel des Subjektes und das נסלאחיד, dessen Suffix auf יהוה zurückgreifen soll) — und die Sprachfarbe offenbar ebenso

deuteronomisch resp. nachdeuteronomisch, wie der Inhalt: vergl.
Deuter. IV, 9 b. 10 b. VI, 7. 20 ff. XI, 19; zu העלנו ממצרים
vergl. oben S. 13; נטש in diesem Sinne spez. deuteronomistisch,
vergl. I. Sam. XII, 22. I. Könige VIII, 57. II. Könige XXI, 14.
In v. 16 ist anstatt יהוה כי אהיה zu lesen כי יהוה und
das יהוה des Textes als falsches Explizitum zu streichen, vergl.
v. 12 b und v. 22. Dass v. 23, der v. 24 erklären soll, gar
nicht in diesen Zusammenhang passt, ist klar; ob aber auch
v. 24 zu streichen ist, wie Wellhausen (S. 226) will, wage ich
nicht zu entscheiden. Die weitergehenden Textausscheidungen
Böhme's (Z. A. W. 1885, S. 251 ff.), welcher gerade innerhalb
v. 21—24 Alles in Ordnung findet und von diesem Stücke bei
seiner Textkritik ausgeht, können wir hier nicht verfolgen, da
dieselben für unsre Aufgabe ohne Belang sind. Die Ansicht
Bertheau's, welcher (S. 134 ff.) v. 18 ff. dem Verfasser von
v. 11—17 abspricht, wird eben so wenig Beifall finden, wie seine
Vermutung, dass uns die Fortsetzung von v. 17 in v. 36—40
erhalten sei.

In v. 25—32 wird uns berichtet, wie Gideon zu dem Namen
Jerubbaal gekommen ist. Durch eine gewaltsame Erklärung
dieses Namens (= ירב בו בעל) wird Gideon zu einem echten
Diener Jahwe's und eifrigen Feinde des Götzen Baal gestempelt,
vergl. Bertheau S. 138. Gideon verfährt ganz wie ein frommer
Israelit auf Grund des deuteronomischen Gesetzes, Deuter.
VII, 5 ff. XII, 1 ff., wo auch derselbe Ausdruck (בחץ מובח)
gebraucht wird; vergl. auch die deuteronomistischen Stellen
II. Könige XI, 18. XXIII, 7. 8. 12. 15. Diese späte und wertlose Geschichte ist hier eingefügt, um den im Folgenden öfters
begegnenden Namen Jerubbaal zu erklären. — V. 33 f. kommen
die Feinde und machen ihren gewohnten jährlichen Einfall in
Israel; Gideon zieht, vom Geiste Jahwe's ergriffen, den Feinden
an der Spitze seines Geschlechtes Abieser entgegen. In v. 33 a
haben wir neben den Midianitern wieder die Amalekiter und
die Bne Kedem, ganz wie VI, 4. Nach v. 35 folgen Gideon
ausser seinem Stamme auf sein Aufgebot hin der Heerbann von
Manasse, Asser, Sebulon und Naphtali; aber diese Stämme

treten erst später VII, 23 ff. in Aktion und die Ephraimiten beklagen sich VIII, 1 f. ausdrücklich darüber, dass sie von Gideon nicht gleich zu Anfang des Feldzuges aufgeboten worden sind. Da nun schliesslich nach VIII, 2 Gideon mit seinem Geschlechte die Hauptarbeit gethan hat, so ist klar, dass der Inhalt von v. 35 hier verfrüht ist. Die Sprache in v. 33–35 klingt hier und da sehr an die des Redaktors an: zu נאספו vergl. III, 13; zu v. 34 a: לבשה את־גדעון ורוח־י׳ vergl. III, 10 (und später XI, 29); לבש in dieser übertragenen Bedeutung kommt wohl nur in späterer Sprache vor, mit רוח noch I. Chronik XII, 18. Eigentlich Neues bringen diese Verse gar nicht, es ist Alles aus VII, 1 ff. exzerpiert. Der Inhalt entspricht ebenfalls den Anschauungen des Redaktors: der Geist Jahwe's kommt plötzlich über Gideon, er bläst in die Trompete (vergl. III, 27), und es erscheint als ganz selbstverständlich, dass die Israeliten ihm Heeresfolge leisten. Unsere Verse sollen die Situation vorbereiten und Raum geben für die zweite Offenbarung der Gottheit, v. 36–40. Diese erscheint nämlich jetzt einigermassen gerechtfertigt, indem sich Gideon vor dem Zusammenstoss mit den Feinden noch einmal zweifelnd an Elohim wendet: wenn du denn wirklich, wie du gesagt hast, durch meine Hand Israel erretten willst, so thue zur Bestätigung dies und das Wunderzeichen. Es liegt also die Vermutung nahe, dass v. 33—35 aus den angeführten Gründen ein redaktioneller Auszug ist. Die ursprüngliche Version, die berichtete, wie Gideon an die Spitze seines Stammes kam (vergl. VI, 15), ist verdrängt worden; denn dass etwas Derartiges wie v. 33 ff. vor VII, 1 erzählt worden ist, ist sicher, aber es ist nicht wahrscheinlich, dass diese Erzählung die allgemeinen Züge und die Sprachfarbe von v. 33 ff. trug.

In v. 36 ff. wird eine zweite Geschichte von der Berufung Gideon's erzählt, welche neben der ersten ganz überflüssig ist und den Zusammenhang zwischen VI, 33 ff. und VII, 1 ff. unterbricht. Die Erzählung v. 36 ff. gehört demnach ziemlich sicher nicht in den Bericht, welcher mit VI, 11 beginnt, obwohl die allgemeinen Voraussetzungen hier wie da dieselben sind: Gideon der von Gott bestimmte Retter des Volkes Israel von seinem Feinde. Diese zweite Berufungsgeschichte ist übrigens nicht vollständig mitgeteilt: sie beginnt gleich mit einem Zwiegespräch zwischen Gideon und Elohim; dass der Anfang unserer Geschichte weggelassen worden ist, beweist sicher das כאשר רברת v. 36, welches nach der Meinung des Redaktors (und Bertheau's vergl. S. 134, S. 142 und oben S. 14) auf die erste Offenbarung (v. 17) zurückweisen soll; es ist aber sicher genug, dass diese Berufungsgeschichte mit jener gar nichts zu thun hat. Der Redaktor hat also, um beide Erzählungen aufnehmen zu können, dieselben nicht nur in verschiedene Zeiten verlegt, sondern auch den Anfang des zweiten Berichtes weggelassen. VII, 1 ff. setzt die ursprüngliche Erzählung fort. Die Midianiter lagern nach VI, 33 im Emek Jesreel, und Gideon liegt mit seinem Kriegsvolk südlich von dem Lager der Feinde und zwar oberhalb desselben VII, 8 b (vergl. auch v. 9), so dass er es überfallen kann. In v. 2—8 stellt Gideon mit seinem Heere, das nach v. 3 32 000 Mann gezählt hätte, auf göttliches Geheiss zwei Proben an, infolge deren nur 300 Mann bei Gideon bleiben. Mit diesen 300 Mann, welche so der Zufall oder der Wille Gottes zusammengebracht hat, überfällt Gideon v. 16 ff. das feindliche Lager, während nach VI, 33 nur sein Geschlecht Abieser bei ihm ist, das gewiss keine 32 000 Krieger zählte, auf das aber die 300 Mann sehr gut passen; es wäre überdies sonderbar, wenn die durch den Zufall zusammengewürfelten 300 Mann alle gerade zum Geschlecht Abieser gehört hätten, vergl. VIII, 2. Der Bericht v. 2 ff., welcher jegliches Verdienst des gelungenen Sieges Israel ab- und Jahwe's wunderbarer Hülfe zuspricht (vergl. Deuter. VIII, 17 ff. und Studer S. 204 zu v. 16), ist gewiss erst später hier eingetragen, wie auch v. 8 b beweist, der gewissermassen die Klammer schliesst und zu v. 1 zurückführt (vergl. auch Bertheau S. 146). Wenn übrigens Jahwe schon v. 7 dem Gideon den Sieg verkündigt hat, so ist die Wiederholung in v. 9 überflüssig; in diesem Verse steht aber die Zusage Jahwe's am rechten Ort. Dazu kommt schliesslich, dass die Erzählung v. 2 ff. an eine Verordnung des Deuteronomiums erinnert, nach welcher die שטרים vor der Schlacht jeden Furchtsamen und Ängstlichen auffordern sollen,

nach Hause zu gehn, vergl. Deuter. XX, 8. — Eine ganz eigenartige Ansicht über v. 2—8 entwickelt Bertheau (S. XXII. S. 159), derzufolge diese Verse nicht eine eingeschobene, isolierte Episode sind, sondern mit dem »zweiten Bericht« (B) in VII, 16 ff. (vergl. weiter unten) zusammengehören. — Das volle כל־העם v. 1 setzt VI, 35 und VII, 2 ff. voraus, ebenso wie das וישכם v. 1 die Erzählung VI, 36—40; in v. 6 ist natürlich statt:
בידם אל פיהם
nach v. 5 zu lesen בלשנם.

V. 9—14 (15) erzählt, wie Gideon auf Jahwe's Geheiss mit seinem Waffenträger Pura das Lager der Midianiter ausspäht. Das Stück ist, wie es scheint, unverändert aufgenommen, nur ist v. 12 (vergl. VI, 3. 5) und in v. 14 der Name גדעון בן יואש zu streichen (Budde). In v. 15 ff. werden die Vorbereitungen Gideon's zum Überfalle des feindlichen Lagers berichtet und dann der Überfall selbst. Die betr. Darstellung v. 19 ff. ist sehr konfus: die Krieger sind mit Trompeten, Krügen und Fackeln bewaffnet. Das ist ja klar, dass eins zu viel ist, das zeigen die krampfhaften Anstrengungen in v. 20 — entweder die Trompeten, oder die Krüge und Fackeln, welche zusammengehören. Die letzteren sind offenbar sehr merkwürdige Kriegsinstrumente, dagegen die Trompeten ganz am Platze: jeder Krieger erhält eine Trompete, damit die Feinde über die kleine Anzahl der Angreifer getäuscht bleiben, während mit den Krügen und Fackeln gar nichts anzufangen ist; deshalb vermutet Kuenen (I. 2. § 19. Anm. 4), dass unser Bericht durch die Hinzufügung der Fackeln und Krüge erweitert und ausgeschmückt sei. Aber abgesehen von diesen sachlichen Erwägungen haben wir bestimmte litterarische Kriterien, um die Sache zu entscheiden. In v. 16 b hinken die Krüge und Fackeln offenbar nach: gehörten sie mit zur Ausrüstung der Krieger, dann hätte der Erzähler gesagt:
ויחן ביד כלם שפרות וכדים רקים ולפידים רג״.
Ferner ist in den vv. 17—18, welche vorher erzählen, wie es nachher eintrifft, von Krügen und Fackeln nichts zu lesen; diese mussten aber hier ebenso erwähnt werden, wie die Trompeten erwähnt sind. In v. 19 b ist demnach ונפץ רג später

nachgetragen, wie auch aus dem immerhin nicht gewöhnlichen
Anschlusse hervorzugehen scheint, ebenso ist v. 20 a von וישברו
an bis לחקע zu streichen. Die Einschiebsel in v. 19 und v. 20
sind nicht von derselben Hand (?) und zwar scheint v. 20 älter
zu sein als v. 19; weil nach v. 17 es Gideon gerade so vor-
macht, wie seine Krieger es nachmachen, liess man auch ihn
am Zerbrechen der Krüge teilnehmen. Mit der Ausscheidung
dieser Einschiebsel ist die notwendige Übereinstimmung zwischen
v. 16 ff. und v. 19 ff. wieder hergestellt. Aus v. 8 a scheint
übrigens hervorzugehen, dass der Verfasser von v. 2—8 in
unseren Versen noch nichts von Krügen und Fackeln gelesen
hat. In v. 22 a ist das nochmalige Trompeten überflüssig und
die Darstellung, wie sich die Midianiter vor den Augen der
trompetenden, Fackeln und Krüge tragenden Israeliten gegen-
seitig morden, wird trotz. der genauen Angabe der Lokalität
kaum ursprünglich sein; mit Recht sagt Studer S. 204: »Die
Flucht der 120000 Midianiter vor 300, blos mit Trompeten
und Fackeln bewaffneten Israeliten ist ganz in demselben Geist
erfunden und ausgeführt, wie die Erzählung von Gideon's Berufung (?) und der Verminderung seines Heeres von 32000
Mann auf 300. Je geringer die Mittel waren, durch welche ein
so grosser Erfolg herbeigeführt wurde, desto sichtbarer war
das wirksame Eingreifen der Hand Jehovas.«

Gegen das Nebeneinanderbestehen der beiden Geschichten
VII, 9—15 und v. 16 ff. erheben sich nicht geringe Schwierigkeiten. Wenn die Erzählung von dem Traume des Midianiters
überhaupt einen Sinn haben soll, so soll doch damit die mut-
lose Stimmung im feindlichen Lager charakterisiert werden;
die Midianiter erwarten, dass sie von den Israeliten besiegt
werden und daraus schöpft der horchende Gideon Mut. Zu
dieser mutlosen, das Schlimmste erwartenden Stimmung im
feindlichen Lager passt nun der Eindruck, den man aus der
Schilderung des Überfalles der Midianiter erhält, durchaus nicht.
Die Midianiter erscheinen hier gar nicht mut- und ratlos, sie
liegen vielmehr in so gesundem, sorglosem Schlafe, dass die
Wächter die nahenden Feinde gar nicht bemerken; sie scheinen
offenbar gar keine Ahnung von der Nähe des Feindes, noch

weniger die Überzeugung von ihrer nahen Niederlage zu haben. Je mehr man sich diesen tiefgreifenden Unterschied der Anschauung klar macht, desto unwahrscheinlicher wird die Aufeinanderfolge beider Darstellungen. Weiter bemerke man, dass mit den 300 Mann erst v. 16 ff., und nur in diesen Versen, Ernst gemacht wird; diese 300 sind zwar seit der göttlichen Auswahl VII, 2—8 vorhanden, aber sie treten doch erst mit v. 16 ff. in Thätigkeit, vergl. vorher מחנה ישראל v. 15 und nachher Abieser VIII, 2, ebenso wie VI, 34. Schliesslich erwäge man Folgendes. In der Nacht erhielt Gideon den Befehl Jahwe's: gehe hinab in das Lager der Midianiter und höre, was sie reden. Gideon schleicht sich hinab in das feindliche Lager und hört, wie ein Krieger dem andern einen Traum erzählt, d. h. offenbar einen Traum, den er eben in dieser Nacht geträumt hat. Gideon hört den Traum und seine Deutung ruhig an, kehrt denselben Weg zurück in das israelitische Lager und als er diesen Weg zum dritten Male mit seinen 300 Mann zurückgelegt hat und die Feinde überfällt, hat eben die mittlere Nachtwache begonnen! Nun wissen wir zwar nicht genau, wann diese mittlere Nachtwache bei den alten Hebräern begann, es ist aber doch an sich ziemlich sicher, dass sie die Mitternacht von 12 Uhr ab umfasste. Man versuche sich demnach vorzustellen: in der Nacht, d. h. doch wohl im Schlafe, empfängt Gideon den Befehl Jahwe's; er legt den Weg in das Midianiterlager zurück, hört die Erzählung und die Deutung des bekannten Traumes an, legt die Wegstrecke noch zweimal zurück und als er nun nach allen militärischen Vorbereitungen das Lager der Feinde überfällt, ist es eben erst Mitternacht! Dass da, selbst unter den günstigsten Annahmen, die eine Nacht offenbar überfüllt ist, leuchtet ein. — Über den Schluss der Geschichte bis VIII, 3 ist weiter nicht viel zu sagen; den Widerspruch, welcher zwischen VII, 25 und dem VIII, 1—3 Erzählten besteht, hat Wellhausen (S. 225) aufgedeckt.

Die zweite Version von dem Siege Gideon's über die Midianiter wird in VIII, 4—21 gegeben. Das Stück scheint, soweit es uns vorliegt, bis auf den harmonistischen Einschub v. 10 (vergl. VII, 12), welcher glauben machen soll, Gideon befände sich noch auf der Verfolgung des im siebenten Kapitel geschlagenen und geflüchteten Feindes, vom Redaktor unverändert gelassen zu sein; gestrichen hat er nur die in v. 18 ff. vorausgesetzte Erzählung, um die so verstümmelte Darstellung als Schlussepisode zu der in VI. VII. VIII, 1—3 erzählten Hauptgeschichte benutzen zu können. — In v. 11a wird erzählt, dass Gideon von Osten her gegen das midianitische Lager heranzog; offenbar soll diese Nachricht erklären, wie es Gideon gelang, die Feinde zu überraschen. Diese Worte leiten also die Erzählung von dem glücklich gelungenen Überfalle der Midianiter ein; dass darauf in der zweiten Hälfte des Verses die trockene Notiz gestanden habe, welche wir jetzt dort lesen, ist nicht recht wahrscheinlich, auch schliesst sich v. 12a nicht besonders gut an die allgemeine Notiz in v. 12b an: man erwartet nach der vorbereitenden Einleitung v. 11a eine individuelle Schilderung des Überfalles, anstatt des allgemeinen: ויך אח־המחנה והמחנה היה בטח. Wo jetzt diese, wie ein Ersatz klingenden Worte stehen, passt nun die Erzählung VII, 16—21 vorzüglich hin. Alle Schwierigkeiten, die wir bei der Einfügung jener lebendigen Schilderung des Überfalles in ihren jetzigen Zusammenhang gefunden haben, werden zu positiven Zeugnissen für die Zugehörigkeit jenes Stückes zu der Geschichte VIII, 4 ff.: die 300 Männer, der sorglose und sichere Zustand des midianitischen Lagers (vergl. v. 11b mit VII, 19), welches den Feind vielmehr von Westen erwartet, die ungezwungene Wahl der ersten Nachtwache für den Überfall, weil da die Menschen am festesten schlafen — alles stimmt ohne Schwierigkeit zu unserer Geschichte. — In v. 4a ist statt רדפים mit LXX רעבים zu lesen (so schon Houbigant, dagegen Bertheau S. 152); v. 12b ist das: רבל המחנה החריד nach v. 11 überflüssig und an dieser Stelle unpassend — Bertheau sagt (S. 156): »das Perf. steht in einer nachträglichen Bemerkung« —, und in v. 16 ist mit Budde וירץ nach v. 7 in וירש umzuändern (so übrigens auch LXX). Zu v. 18 ist schliesslich noch zu bemerken, dass das הרנחם in der Frage ebenso unsinnig ist, wie im Verhältnis zum folgenden Verse; איפה ist nirgends = arab. kaifa (so Bertheau S. 158) und selbst wenn dem so wäre, könnte איפה האנשם schwerlich heissen:

wie sahen die Männer aus? Das müsste etwa ausgedrückt werden: מה משפט האנשים; was ursprünglich für הרגחם stand, lässt sich nicht mehr sagen.

In v. 22 f. bieten die Israeliten (איש ישראל) ihrem Befreier Gideon die Oberherrschaft an, der sie aber ablehnt mit dem Hinweis: Jahwe ist euer König. Die Voraussetzungen scheinen ganz dieselben zu sein wie in VI, 1—VIII, 3, bei der ersten Gideongeschichte: Gideon der fromme Held und Befreier Gesamtisraels vom Midianiterjoch, auch der Ausdruck איש ישראל erinnert an jene Erzählung, vergl. VII, 14. 23, VIII, 1. Aber es ist sehr schwierig, sich vorzustellen, dass die grollenden, kaum beruhigten Ephraimiten gleich darauf Gideon die Oberherrschaft angeboten haben sollten. An den Abschluss der immerhin disharmonisch ausklingenden Geschichte VI, 1—VIII, 3 kann v. 22 f. nicht gut gehören; dagegen nach der ganzen Erzählung VI, 1—VIII, 21 passt diese Notiz besser, weil der Leser nach der glücklichen Beendigung der Unternehmung jenes unangenehme Gefühl nicht mehr hat, und dadurch der Widerspruch zwischen VIII, 1—3 und v. 22 f. gemildert oder gar nicht empfunden wird. Ausserdem steht die Antwort Gideon's, durch welche er selbst sein Urteil über das in dem neunten Kapitel Erzählte ausspricht, dem Redaktor sehr wohl an: bereits Studer zweifelt (S. 227 f.), ob man das theokratische Motiv, aus dem Gideon die Königswürde ablehnt, nicht vielmehr dem »theokratischen Verfasser«, als dem alten Helden zutrauen solle, vergl. dagegen Bertheau (S. 161); historisch ist die Angabe v. 22 f. sicher nicht, denn um ein Königtum über Israel konnte es sich damals noch nicht handeln, und andrerseits war Gideon ebenso de facto »König« von Ophra-Sichem, wie Abimelech, vergl. Wellhausen S. 227. Prolegg. S. 248 Anm. und dagegen Bertheau S. 161.

Die Erzählung von der Entstehung des Ephod zu Ophra hängt mit v. 22 f. nur lose zusammen. Aus v. 26 (שהרנים, vergl. v. 21; ausserdem מלכי מדין) erhellt, dass dies Stück zu der Geschichte VIII, 4 ff. gehört; wenn sich aber die Erzählung von der Verfertigung des Gottesbildes an v. 21 anschloss, kann sie sich doch nicht so angeschlossen haben, wie sie es jetzt thut.

Der mit ויקח v. 21 beginnende Satz ist ebenso unvollständig (vergl. Bertheau S. 158), wie v. 24 ff. als die notwendige Vervollständigung jenes Satzes unwahrscheinlich ist. Die ursprüngliche Fortsetzung zu v. 21 kann nur so wie v. 27 gelautet haben; statt dessen ist die Sache nach v. 22 f. so dargestellt, als ob Gideon gewissermassen als ein Entgelt für die abgelehnte Herrschaft die Israeliten um eine Beisteuer zu Ehren des eigentlichen Königs, Jahwe, bittet. — Eine ganz andere Auffassung über die Entstehung des Heiligtums in Ophra hat Bertheau (S. 162), wonach das Heiligtum in Ophra im Gegensatz gegen Silo in Ephraim gegründet wäre und für Gideon etwa denselben Wert gehabt hätte, wie Dan und Bethel für Jerobeam L (!). — V. 27 bringt mit ויזנו רג׳ das deuteronomistische Urteil über diese That Gideon's, durch welche er doch nur Jahwe seine Verehrung und Dankbarkeit bezeugen wollte; die Worte sind offenbar erst auf die Erzählung v. 24 ff. aufgetragen; v. 28 gehört als Schlussvers ganz der Redaktion an, vergl. III, 30. Mit v. 29 ist gar nichts anzufangen, die Notiz: Gideon kehrte nach Hause zurück (es ist zu lesen: וַיֵּשֶׁב בֵּיתוֹ), ist verspätet und passt auch in das Vorhergehende nirgends. V. 30 ff. beginnt der Redaktor seine Leser auf das folgende Kapitel vorzubereiten; die Verse sind teilweise ganz zusammenhangslos aneinander gereiht, vergl. v. 29—30, v. 31—32, was aber bei dem Redaktor nicht weiter auffällig ist, besonders da er aus fremdem Stoff exzerpiert.

Zum Schlusse unserer Untersuchung über die Gideongeschichte haben wir noch die kritische Beurteilung von VI, 7—10 und VI, 25—32 bei Budde zu berücksichtigen. Ueber VI, 7—10 sagt derselbe (S. 107): »Auch diese Verse sind nicht vom Redaktor (Be[rtheau]. Wellh. Stade), reden vielmehr in jedem Worte die Sprache von *E* und stammen notwendig von ihm, da sie für ein von fremder Hand zusammengestelltes Mosaik zu unverfänglich lauten. Dafür spricht auch, dass das Stück unvollständig ist, sein Schluss muss von Redaktorenhand abgeschnitten sein« — und dann folgt zum Beweise für die Behauptung, dass diese Verse in jedem Worte (bei Budde gesperrt gedruckt) die Sprache von *E* reden, ein Verzeichnis elohistischer

Stellen des Hexateuchs (meist aus dem deuternomistisch überarbeiteten Kapitel XXIV des Buches Josua), welches in den meisten Fällen weiter nichts beweist, als dass die betreffenden Worte auch in E sich finden. Speziell an die Quelle E des Hexateuches erinnert nur על־אדרית v. 7b — doch selbst dies wird zweimal vom Deuteronomisten gebraucht in Josua XIV, 6 — Inhalt und Form von Josua XIV, 6—15 stammen vom Deuteronomisten (Wellhausen S. 131) — vergl. dazu Jeremia III, 8. Zum Beweise, dass ועקר v. 7a gerade E angehört, führt Budde Josua XXIV, 7 an — aber der Ausdruck findet sich viel näher beim Deuteronomisten Richter III, 9. 15. IV, 3! V. 8b soll spezifisch elohistisch sein, Budde weist auf Josua XXIV, 23. XVII, 5 f. 17 (wohl verschrieben für XXIV, 23. 17. 5 f.?), warum nicht auf die zahllosen Stellen im Deuteronomium? Zu לחציכם und ראציל v. 9a vergleicht Budde Exod. III, 9 und Josua XXIV, 10 — warum nicht Richter II, 18. IV, 3. II Könige XIII, 4. 22 und Richter VIII, 34. I Sam. XII, 10. 11. II Könige XVII, 39? Zu אגרש v. 9b führt Budde Josua XXIV, 18. 12 an; das Wort begegnet aber in demselben Gebrauche z. B. auch in dem unverkennbar späten Stücke Richter II, 3. Bei v. 10 zieht Budde Josua XXIV, 17 f. 14. 15. 24 herbei — aber die Verehrung der Götzen der Amoriter, in deren Land die Israeliten eingerückt sind, kennt als greuliche Abgötterei auch der Deuteronomist, vergl. I Könige XXI, 26. II Könige XXI, 11, auch Deuter. I, 18 ff. — und שמע ב kommt im Deuteronomium unzählige Male vor. Zudem deckt sich der Inhalt vollständig mit den Anschauungen des Deuteronomisten: Jahwe hat den Israeliten die grösste Güte und zahllose Wohlthaten erwiesen, aber sie sind undankbar von ihm abgefallen, vergl. II. 12; zu dem ganzen Stücke vergl. man II Könige XVII, 35 - 40, speziell zu unserem v. 10 ebenda v. 38 b f.:

לא תיראו אלהים אחרים כי אם את־יְ* אלהיכם תיראו

Gerade die Warnung: »Fürchtet euch nicht vor fremden Göttern« begegnet im Deuteronomium besonders häufig. Die ganze Rede, welche völlig in der Luft schwebt, ist weiter nichts als die einem unbekannten Propheten in den Mund gelegte Anschauung des Deuteronomisten; schon der ungeschickte Anschluss von

v. 7ᵃ an v. 6ᵇ beweist, dass die folgenden Verse erst für diesen Zusammenhang gemacht worden sind. Aus dem Königsbuche ist bekannt, dass der deuteronomistische Redaktor gern dann und wann einen namenlosen איש־האלהים oder auch איש מבני־הנביאים reden lässt, vergl. I Könige XX, 13 f. 22. 28. 35 ff., auch I Könige XIII. I Sam. II, 27 ff. — Über VI, 25—32 lässt sich Budde (S. 109 f.) folgendermassen aus: »Diese beschönigende Deutung des Namens Jerubbaal, der wohl der ältere von beiden ist und in Kapitel IX allein gebraucht wird, stammt nicht von erster Hand und doch ist der Abschnitt verhältnismässig alt, unschätzbar mit seinem klaren Aufschluss über die Natur der Aschera als eines hölzernen Gegenstandes (wohl Baumstamm) neben (nicht »auf«) dem Altar Baals, darum auch auf Baal zu beziehen. Die Behauptung des Götzendienstes in Israel, wovon v. 11—24 weit entfernt ist, knüpft rückwärts an die Strafrede v. 7—11 an; die Offenbarung zur Nachtzeit (v. 25), das אלהיך י' (v. 20), das השכם בבקר (v. 28) sind Zeichen für E wie dort; es braucht wenig Worte, um die Verbindung glatt herzustellen.« Was im allgemeinen den Wert des Stückes inbetreff des klaren Aufschlusses über die Natur der Aschera angeht, so kann ich denselben nicht so hoch anschlagen; Budde führt ja selbst Stellen aus dem Deuteronomium an, aus welchen ebenso deutlich hervorgeht, dass Aschera ein brennbares Holzwerk (Baumstamm) ist, vergl. Kittel S. 59. Mit Baudissin (Studien II S. 211 f., vergl. auch S. 265 Anm. 1) halte ich übrigens, trotz der vielfachen Widersprüche, Aschera, das Femininum von Ascher (vergl. Assur), für den ursprünglichen Namen einer allerdings hypothetischen Göttin, deren rechte Erkenntnis in dem A. T. verloren gegangen ist; ebenso wie רגון I Sam. V, 2 ff. das Bild des Götzen Dagon ist (vergl. auch האלהים Exod. XXI, 6), ebenso nannte man die Darstellung dieser Göttin in einem Baumstamm (mit Emblemen?) einfach Aschera. Allmählich mag Aschera überhaupt einen heiligen Baum bezeichnet haben, indem die ursprüngliche Beziehung auf die bestimmte Göttin zurücktrat oder ganz vergessen wurde. In diesem Sinne scheint das Wort in den älteren Stellen des A. T. gebraucht zu sein. Wenn in den späten deuteronomistischen

Stellen I Könige XV, 13. II Könige XXI, 7. XXIII, 7 eine Göttin Aschera, offenbar desselben Charakters wie Astarte (vergl. II Könige XXIII, 7 und Baudissin, Studien I. S. 4 f. II. S. 264) erscheint, so wird man m. E. nicht umhin können, in dieser Göttin Aschera ein Missverständnis oder eine Fiktion des Deuteronomisten zu sehen, in der nur scheinbar ein Zurückgreifen auf die ursprüngliche Anschauung und ein Hervortreten des älteren Sprachgebrauches vorliegt. Anders Baudissin, Studien II. S. 218 f. Vergl. zu der Frage Stade, Geschichte des Volkes Israel I. S. 458 und Pietschmann, Geschichte der Phönizier S. 213 f.

Die Ansicht, dass v. 25 ff. an v. 7—11 anknüpfe, ist mit der Zuweisung jener Strafpredigt an den deuteronomischen Redaktor erledigt; die Behauptung des Götzendienstes in Israel ist übrigens v. 25 ff. lange nicht so spezifisch deuteronomisch als »Sünde« betont, wie in jener Rede. Was schliesslich die anderen Gründe angeht, so spricht אלהיך י" v. 26 ebensowenig für E, wie v. 8b י", אלהי־ישראל, und wenn die Offenbarung Jahwe's zur Nachtzeit und das השכם בבקר spezifisch elohistisch sein sollen, so müsste man auch die Hauptgeschichte VI—VIII, 3 wegen VII, 1. 9 zu E rechnen.

IX, 1—20 berichtet, wie Abimelech, der Sohn Jerubbaal-Gideon's und eines Weibes aus Sichem, nach seines Vaters Tode die Sichemiten vom Hause Gideon's abtrünnig macht, sich zum Herrscher aufwirft, mit einer Söldnerschar nach Ophra zieht und dort die 70 Söhne Gideon's, seine Brüder, abschlachtet; nur einer, Namens Jotam, entrinnt dem Blutbade (v. 1—5). Darauf machen die Sichemiten den Abimelech feierlich zum Könige, bei welcher Gelegenheit Jotam vom Garisim herab der festlichen Menge seine berühmte Parabel vorträgt und dann eiligst entflieht (v. 6—21).

Dass diese Parabel, welche Jotam in den Mund gelegt wird, in den Zusammenhang nicht recht passt, ist schon bemerkt worden (Wellhausen S. 228). Auch die historische Einleitung v. 6 f. ist höchst wahrscheinlich erst der überlieferten Parabel zu Liebe gemacht worden, um eine Situation für dieselbe zu schaffen; nach v. 4 ist die offizielle Königsweihe des Abimelech eigentlich ein opus supererogationis. Aber auch in die so geschaffene Situation passt das Gleichnis Jotam's nicht; es ist eine wunderliche Vorstellung, dass Jotam ungestört hoch vom Berge herab der feiernden Volksmenge eine so lange Rede hält. Diese Parabel Jotam's ist übrigens nicht unerweitert geblieben. V. 16b passt nicht recht nach v. 16a; dieser Gedanke ist früher und sollte deshalb richtiger vor v. 16a ausgedrückt sein. Mit v. 17 vollends stehen wir ganz in der Vorstellung, dass Gideon die Israeliten aus der Hand Midians errettet habe; auf die Geschichte VIII, 4 ff., an welche sich sonst unsere Erzählung anschliesst (vergl. Wellhausen S. 227 f. und unten S. 49 f.), passt diese Anschauung offenbar nicht, denn da hat Gideon nicht die Israeliten gerettet, sondern er hat seine von einer Horde Midianiter erschlagenen Brüder gerächt; also bleibt nur der erste Bericht VI, 1 — VIII, 3 übrig. So gut nun auch v. 17 zu dieser Erzählung stimmen kann, so wenig passt dieser Vers dann in seinen jetzigen Zusammenhang; denn VI, 1 ff. ist Gideon offenbar der Helfer und Retter von Gesamtisrael, während im Zusammenhange unter den אתכם nur die angeredeten Bewohner von Sichem und Beth-Millo verstanden werden können. Die Sache steht demnach so, dass v. 17 in die zweite Geschichte VIII, 4 ff. gar nicht passt und, auf Grund der ersten Erzählung VI, 1 — VIII, 3 verstanden, seinem Zusammenhange widerstrebt; mit v. 17 steht und fällt aber offenbar v. 16b (vergl. כנמול ידיו). Der folgende v. 18a ist einfach aus v. 5 abgeschrieben; v. 18b ist eine nach v. 16a vollkommen überflüssige Wiederholung und der Schluss dieses Verses erinnert lebhaft an IX, 1—3. V. 19a Anfang schliesslich ist wörtlich identisch mit v. 16a Anfang und bezeichnet so deutlich das ganze Stück von v. 16b an als späteres Einschiebsel. — Bertheau (S. 168) fühlt wohl, dass bei der natürlichsten und am nächsten liegenden Auffassung — die mit v. 16 beginnenden Vordersätze haben erst in v. 19 ihren Nachsatz —, die Konstruktion »sehr verwickelt und unklar wird«; seine Auskunft, die Bedingungssätze v. 16 seien nach bekannter Analogie (vergl. z. B. Jesaia XXII, 14) faktisch negative Hauptsätze, ist unannehmbar; denn erstens hat אם jene scheinbare Bedeutung = לא nur in ganz bestimmten Fällen, bei Schwüren und Beteuerungen, und zweitens zwingt uns die Analogie von v. 19 hier in unserem Verse (v. 16) אם in derselben Bedeutung aufzufassen, wie in v. 19. — Der positive Beweis für die Richtigkeit unseres Ergebnisses liegt darin, dass wir durch die Ausscheidung von v. 16b — 19a die notwendige Parallele von v. 15 zu v. 16 ff. erhalten; die Anwendung muss in ihren einzelnen Gliedern genau dem Bilde entsprechen. Diese notwendige Harmonie der beiden Teile ist aber in dem überlieferten Texte zerstört, indem durch v. 16a — 19a etwas Fremdes und Ungehöriges eingebracht wird. Erst wenn diese Verse gestrichen werden, treten die parallelen Glieder hervor:

v. 15 a) אם באמת אחם משחים אחי למלך עליכם

b) באר חסו בצלי

c) ואם אין תצא אש מן־האטר וחאכל את־ארוי־ הלבנן

v. 16a a) ועחה אם באמת ובחמים עשיחם וחמליכו את־ אבימלך

v. 19b b) שמחו באבימלך וישמח גם הוא בכם

v. 20 c) ואם אין תצא אש ונ׳

Schliesslich beweist die Sprache, dass dieser redaktionelle Zusatz von dem Verfasser von VIII, (29) 30 ff. stammt; vergl. zu v. 16b f. v. 19a VIII, 36; zu ויצל v. 17 המציל VIII, 34.

In v. 22—45 wird der Ausbruch der Feindschaft zwischen Abimelech und den Sichemiten erzählt, welche mit der vollständigen Zerstörung der Stadt Sichem durch den siegreichen Abimelech endigt. — Drei Jahre lang dauerte glücklich die Herrschaft Abimelech's über Israel (v. 22), da sandte Elohim eine רוח רעה zwischen die Einwohner von Sichem und den König, um an beiden ihre blutige Unthat an den 70 Söhnen Gideon's heimzusuchen; die Sichemiten versperren die Bergwege und fangen jeden Wanderer ab (v. 22—25). Da kommen Gaal ben Ebed und seine Brüder nach Sichem und gewinnen das Vertrauen der Feinde Abimelech's. Am Feste der Weinlese und der Hillulim schmähen die trunkenen Sichemiten im Tempel des Baal Berith auf Abimelech, wobei sie Gaal noch mehr anreizt. Der Stadtvogt des Abimelech, Sebul, von Gaal beleidigt, teilt die aufreizenden Reden des Gaal dem Könige heimlich mit und rät ihm, die Stadt durch einen Handstreich am folgenden Tage zu nehmen (v. 26—33). Abimelech folgt diesem Rate, Gaal wird schmählich geschlagen, die Stadt dagegen erst am folgenden Tage nach der Schlacht gewonnen (v. 34—45).

Die in v. 22 ff. gegebene Einleitung zu der Hauptgeschichte v. 26 ff. ist so farblos wie möglich: der rächende Elohim sendet eine רוח רעה, d. h. ein Missbehagen, einen Zwiespalt, einen Geist der Entfremdung und Feindschaft zwischen Abimelech und die Sichemiten. Der spezielle Anlass dieser plötzlichen Feindschaft wird nicht angegeben, sie ist auf einmal da; wohl aber wird der Zweck, welchen der richtende Gott mit derselben verfolgt, in einem nachschleppenden Infinitivsatze ausgesprochen. V. 25, welcher eine speziellere Angabe bringt, ist nach v. 23 f. ganz unverständlich, weil er unbegründet ist, und scheint ausserdem noch unvollständig zu sein (וינד לאבימלך). Dieser Vers hat aber auch mit den folgenden Versen keine Verbindung. In v. 26 ff. tritt Gaal ben Ebed, wohl nach v. 28 ein Kanaaniter (vergl. Bertheau S. 171), mit seinen »Brüdern« auf, ohne dass vorher irgend Etwas über ihn gesagt worden wäre. Aus der folgenden Geschichte, in welcher er eine Hauptrolle spielt, geht nun zweierlei hervor: 1) machten ihn die Sichemiten zu ihrem Freunde und Vertrauten; er war also wohl dem Abimelech feind, ja er und sein Geschlecht reizten die trunkenen Sichemiten noch besonders gegen Abimelech auf (v. 31 ist statt הנם צרים zu lesen הנם מעירים); 2) scheint es, nach dem Vertrauen zu schliessen, welches ihm die Sichemiten entgegenbringen und dem Hass, mit welchem er gegen Abimelech agitiert, als ob er und seine Verwandten ganz besonderen Grund zur Feindschaft gegen Abimelech gehabt haben; in v. 31 erwähnt der Stadtoberste dem Könige den Kanaaniter Gaal und seine Brüder als dem Abimelech wohlbekannte Persönlichkeiten. Es ist deshalb ziemlich sicher, dass vor v. 26 erzählt worden ist, aus welchem Grunde Gaal dem Könige so feind wurde und nach Sichem auswanderte, das ebenfalls mit Abimelech im Streite lag. Wie die Geschichte jetzt v. 26 beginnt, ist sie unverständlich: der Leser weiss nichts von Gaal ben Ebed und seinen Brüdern, er versteht nicht, warum sich diese Männer zu den Sichemiten schlagen und mit den Aufrührern gegen den König Partei ergreifen. In v. 34 ff. handelt Abimelech ganz so, wie ihm Sebul geraten hat: er überrascht Gaal und die Sichemiten, es kommt zum Kampfe und der Kanaaniter wendet den Rücken vor dem siegreichen Abimelech, der unter grossem Blutvergiessen bis zum Thore der Stadt vordringt (v. 34—40). Man sollte nun denken, der siegreiche König dränge auf der Verfolgung in die Stadt ein und eroberte dieselbe, — aber nein, v. 41 berichtet: »und Abimelech wohnte in Aruma, und Sebul vertrieb den Gaal mit seinen Verwandten aus Sichem«. Soll das וישב אבימלך בארומה am Anfang dieses Verses einigermassen Sinn haben, so muss man nach dem Zusammenhange lesen: וַיָּשָׁב רג׳. Aber auch diese Conjektur überbrückt den Riss zwischen v. 40 und v. 41 nicht; man fragt sich immer wieder mit Recht: warum unterbricht Abimelech seinen Siegeslauf, warum kehrt er hier am Ziele plötzlich um? — und diese Frage wird nicht beantwortet. Dass die Sichemiten am folgenden Tage nach ihrer blutigen Niederlage sich gleich wieder so unvorsichtig und waghalsig in das Feld begeben haben sollten, ist auch nicht besonders wahrscheinlich. Abimelech kehrt auf die Nachricht hiervon schleunigst von Aruma zurück, teilt seine Leute diesmal in drei Haufen und überfällt die offenbar ahnungslosen Sichemiten auf freiem Felde (v. 42—43). In v. 44 erscheint seine Schaar plötzlich wieder in vier Abteilungen, wie am vorhergehenden Tage (v. 34—40), und Abimelech befindet sich mit zwei Haufen am Stadtthore, bei dem er am vorhergehenden Tage den Kampf ohne Grund abgebrochen hatte (v. 40), während die beiden anderen Abteilungen die Sichemiten im Felde niedermachen, was Abimelech bereits in v. 43 gethan hat. Es ist demnach so klar wie nur möglich, dass der Bericht v. 41—43 nicht in den jetzigen Zusammenhang der Erzählung gehört. Die Geschichte hat sich vielmehr ganz ebenso zugetragen, wie sie v. 32 f. zum voraus skizziert wird: Gaal und die aufrührerischen Sichemiten werden geschlagen und die Stadt Sichem fällt noch an demselben Tage in die Gewalt des Abimelech.

Das כל היים הזה v. 45 passt auch viel besser, wenn damit derselbe Tag gemeint ist, an welchem Gaal unterlag. Vergl. die Erklärungsversuche Studer's zu v. 44 (S. 257 f.), während Bertheau (S. 173) die Schwierigkeit gar nicht empfunden zu haben scheint. Wenn nun das Ergebnis für sicher zu halten sein möchte, so masse ich mir doch nicht an, für v. 41—43 eine passende Verwendung zu finden, oder gar erklären zu können, wie diese Verse in den jetzigen Zusammenhang gekommen sind. Man wird aber nicht etwa daraus, dass sich keine vernünftige Ursache für eine solche Textverderbnis angeben lässt, einen Grund gegen die Thatsache der Verwirrung selbst ableiten; denn sehr viele Textveränderungen haben ihren Grund nur in dem unberechenbaren Zufalle, dem die Überlieferung des Alten Testamentes unterworfen war. Wenn ich trotz dieser Umstände eine Vermutung über den ursprünglichen Zusammenhang gebe, in welchem v. 41—43 gestanden haben mag, so betone ich ausdrücklich, dass das nur eine Vermutung sein will. Dass die betreffenden Verse nicht ein später eingetragener Zusatz sind, sondern ein alter Bericht, geht aus dem offenen Widerspruch ihres Inhaltes mit v. 40 und v 44 hervor. Doch werden diese Verse, nachdem sie einmal aus irgend welchen Gründen zwischen v. 40 und v. 44 verschlagen worden sind, auch dem Zusammenhange gemäss modifiziert worden sein; so mag v. 42ᵃ, der Situation entsprechend, von einem Redaktor eingeschoben sein. In v. 42b und v. 43 haben wir, wie ich vermute, die Fortsetzung zu v. 25. Dass v. 25 mit dem Abschluss וינד לאבימלך — vergl. dazu v. 42b — sehr befremdlich, ja fast unmöglich ist, haben wir bereits oben betont, man verlangt doch notwendig zu wissen, was denn Abimelech auf diese Botschaft hin gethan hat. In v. 41 finde ich ein Bruchstück der nach dem oben Gesagten notwendig vorauszusetzenden Erzählung von dem Grunde und dem Beginne der Feindschaft zwischen Abimelech und Gaal; ich lese mit dem hebräischen Texte und LXX וַיֵּשֶׁב und streiche ובול als ein aus dem neuen Zusammenhange ergänztes Explizitum und lese schliesslich für בִּשְׁכֶם שָׁם. Jedenfalls stand der Bericht von der Verfeindung des im Folgenden eine so hervorragende Rolle spielenden Gaal mit Abimelech vor v. 26. Man mag über diese Vermutung denken wie man will, wenigstens beseitigt sie in einem gewissen Masse zwei schwere Anstösse, indem sie das unvollständige וירד לאבימלך v. 25 ergänzt und die v. 26 ff. vorausgesetzte Bekanntschaft Gaal's mit Abimelech einleiten und Gaal's Handlungsweise erklären hilft.

Die folgende Erzählung von der Eroberung des Kastells von Sichem, des מגדל־שכם, gehört nach Inhalt und Form zu der vorhergehenden Geschichte; aus derselben Feder wie diese beiden Erzählungen stammt auch der Bericht von der Bestürmung und Eroberung der Stadt Tebez und dem dabei erfolgten Tode des Königs Abimelech (v. 50—54). Dagegen mag v. 55 ein abschliessender Zusatz des Redaktors sein, vergl. איש־ישראל. Sicher gehören nicht zum ursprünglichen Bestande der Erzählung v. 56 f., welche am Schluss die Moral von der Geschichte bringen (vergl. v. 57 b: קללת־יותם (so zu lesen) ותבא עליהם!). Diese moralistisch reflektierenden Verse sind himmelweit verschieden von der ursprünglichen Geschichte, welche einfach die Thatsachen reden lässt. Der Gottesname Elohim beweist nichts gegen diese Annahme, vergl. IV, 23. Vergl. auch Bertheau (S. 175), der v. 55—57 »den vom Geschichtsschreiber hinzugefügten Schluss der Geschichte des Abimelech« nennt.

Budde meint, speziell die Parabel Jotam's und dann überhaupt Kapitel IX der Quelle E zuweisen zu müssen, weil die Sprache entschieden die von E sei; vergl. dazu Kittel S. 60 f. Von den sprachlichen Kennzeichen, die Budde zum Beweise anführt, hat doch nur das seltene באמת ובתמים v. 16a einiges Gewicht; אמה in der interpolirten Stelle v. 18 findet sich auch im Deuteronomium, z. B. Deuter. XII, 12 und später. Zu v. 20 konnte Budde neben Num. XXI, 28 auch ebensogut die ersten Kapitel des Amos heranziehen, und der Gottesname Elohim endlich beweist in unserem Kapitel für die Herkunft aus der Quelle E des Hexateuches gar nichts. Wenn Budde schliesslich durch den predigenden Ton in v. 16—20 lebhaft an Josua XXIV und 1. Sam. XII, 1 ff. (nach Budde aus E) erinnert wird, so haben wir gesehen, dass gerade diese Verse später eingeschoben sind. — Im Folgenden lasse ich abschliessend die quellenkritischen Anschauungen Budde's über die Gideon-Abimelechgeschichte folgen.

Zu der Quelle, in welcher die eine der beiden Gideongeschichten VIII, 4 ff. stand, rechnet Budde (S. 122 ff.) folgende Stücke: 1) als Einleitung VI, 7—10. 25—32. 36—40. 2) Die Abimelechgeschiche IX, 1—57. 3) Den Schluss der Gideongeschichte VIII, 22—28. Wenn etwas sicher ist, so ist es das, dass ein solches Machwerk wie VI, 7—10 nicht in einer Quelle mit einer Erzählung wie VIII, 4 ff. gestanden haben kann. Auch die Anschauung von v. 36—40 passt durchaus nicht zu jener Geschichte VIII, 4—21; Gideon ist kein מושיע־ישראל und die Stelle in der Parabel Jotam's v. 17 ist als spätere Interpolation nachgewiesen. Ebensowenig kann — aus demselben Grunde — VIII, 22 ff. in derselben Quelle mit der vorhergehenden Geschichte gestanden haben; es ist Budde (S. 117) nicht gelungen, den Nachweis zu führen, dass sich die absolute Verwerfung der Königsherrschaft in VIII, 22 f. mit den Anschauungen des neunten Kapitels allenfalls reimen (S. 122) lasse, denn IX, 22 ff. ist nicht ein Bestandteil der ursprünglichen Erzählung. Die andere Gideongeschichte VI, 11 ff. VII. VIII, 1—3 rechnet Budde zu J, aber mit dem Eingeständnis: »sichere Beweise für diese Zuteilung finde ich nicht« (S. 125); vergl. speziell über VI, 11 ff. Kittel (S. 56 f.) und besonders Kuenen (I. 2. § 19. Anm. 13).

In X, 1—5 werden kurz die Richter Tola (v. 1—2) und der Gileadite Jair (v. 3 ff.) aufgezählt; von ihren Thaten wird gar nichts berichtet, nur wie lange sie gerichtet haben und wo sie begraben sind, wird bemerkt, vergl. über diese Notizen Nöldeke (S. 181 ff.). Das religiöse Schema des Redaktors, welches wir bei allen früheren »Richtern«, Abimelech ausgenommen, gefunden haben, fehlt hier ebenso wie bei Samgar ben Anath III, 31. Dies deuteronomistische Schema tritt dagegen wieder auf bei der Geschichte des folgenden Richters, des Gileaditen Jephta X, 6—XII, 7. X, 6—16 erzählt in dem bekannten deuteronomistischen Tone den Abfall Israels zu den Götzen der Heiden, die Bedrückung des sündigen Volkes durch die Philister und Ammoniter als die Zuchtrute Jahwe's, das Schreien der Kinder Israel zu Gott, ihre Bekehrung und das schliessliche

Erbarmen Jahwe's. — Der Dialog zwischen Jahwe und den Israeliten ist nur eine Variation der Form für das immer gleiche Thema des Verfassers: die betreffenden Verse sind offenbar von derselben Hand wie VI, 7—10 (vergl. Budde S. 128), Ton und Sprache verraten den Deuteronomisten; besonders der plumpe v. 8 ist ein Muster von deuteronomistischem Satzbau: zu der Wiederaufnahme der »Kinder Israel« in v. 8b vergl. III, 9; zu der umständlichen Lokalbestimmung v. 8b vergl. Deuter. I, 1. 5. IV, 46 und zu der nachlässigen Relativverbindung in demselben Verse I. Könige VIII, 21. 38. IX, 21. Die Zusammenstellung von Baalim und Aschtaroth v. 6, begegnet besonders häufig in deuteronomistischen Stellen, man vergl. Richter II, 13. III, 7. I. Sam. VII, 4. XII, 10. II. Könige XXI, 3. XXIII, 4. Die Götzen der Sidonier, Moabiter nnd Ammoniter treffen wir in dem deuteronomistischen Abschnitt I. Könige XI, 5. 7 wieder an, ebenso II. Könige XXIII, 13. Zu der Aufeinanderfolge von עוב und עבר in v. 6, v. 10, v. 13 unseres Kapitels vergl. Richter II, 13. I. Sam. VIII, 8. XII, 10, auch Richter III, 7. II. Könige XXII, 17. — V. 7 findet sich wörtlich bei dem deuteronomistischen Musterrichter Othniel III, 8ᵃ wieder. Das seltene רצץ von feindlicher Bedrückung gebraucht, steht Deuter. XXVIII, 33, vergl. auch I. Sam. XII, 3. 4; zu v. 9b: ויצר לישראל מאד vergl. II, 15. V. 10 findet sich wieder wörtlich in I. Sam. XII, 10ᵃ. In v. 12 erinnert das לחצו wieder an den Deuteronomisten, ebenso wie das darauf folgende ויצעקו, zu v. 13b vergl. II, 21. V. 15 klingt mit seinem Bussbekenntnis: חטאנו wieder lebhaft an I. Sam. XII. 10 an (vergl. auch I. Könige VIII, 47), ebenso wie mit dem folgenden flehentlichen הצילנו; auch das הטיב בעיניך ist in diesem Zusammenhang deuteronomistisch; zu v. 16 endlich vergl. I. Sam. VII, 4. Bertheau sagt (S. 180) mit Recht über den betreffenden Abschnitt: »wir finden in »X, 6—18 mit wenigen Ausnahmen nur Ausdrücke und Wen- »dungen, die auch sonst in den Einleitungen zu der Geschichte »der einzelnen Richter und in II, 11. 13—19 vorkommen«. V. 11 ist nach LXX umzuändern und ebenso v. 12 מדין für מעון zu lesen. — Von derselben Hand wie die oben behandelten Verse stammt der Bericht v. 17 f., vergl. die kurz vorher zitierte Stelle aus Bertheau. Diese Verse sind aus XI, 11. 8 entlehnt und sollen die Situation für die in dem folgenden Kapitel erzählte Jephtageschichte vorbereiten, vergl. Bertheau S. 183. Es ist eine wunderliche Vorstellung, die man nach diesen Versen von der Begebenheit bekommt: die Kinder Israel kommen alle wohlgerüstet zusammen und lagern sich im Angesichte der Feinde bei Mizpah — da fällt es ihnen plötzlich ein, dass sie ja noch gar keinen Feldhauptmann haben! Ganz anders die historischen Voraussetzungen in Kapitel XI. Die Geschichte beginnt hier mit Jephta; er und seine Schicksale nehmen das Hauptinteresse des Erzählers in Anspruch, nicht der Kampf der beiden Völker Israel und Ammon; dieser tritt vielmehr sehr in den Hintergrund, ganz flüchtig und vorübergehend wird der Krieg zwischen Israel und Ammon erwähnt (v. 4), und der glänzende Sieg Jephta's über die Feinde seines Volkes wird in zwei nichtssagenden Versen abgemacht. Den weitaus grössten Raum in der ursprünglichen Erzählung nehmen Jephta's Lebensschicksale ein, welche in dem Opfer seines einzigen Kindes gipfeln. — Die Ältesten Gileads wenden sich offenbar nicht gleich im Anfange des Krieges, ohne das Waffenglück zuvor versucht zu haben, an Jephta um Hülfe, sondern, wie v. 4 ff. zwischen den Zeilen zu lesen ist, sie sind bereits durch die siegreichen Ammoniter in's Gedränge gekommen (v. 7) und flehen nun den geächteten Jephta und seine Banden um Hülfe an.

Stade hat (Z. A. W. 1881 S. 339 ff.) den Versuch gemacht, in X, 6—16 eine »ephraimitische Grundlage«, d. h. die Quelle *E* des Hexateuchs, nachzuweisen; die Rückbeziehung dieses Stückes auf Josua XXIV, meint er, ist unverkennbar. V. 6 »sie verliessen Jahwe und dienten ihm nicht«, beziehe sich auf Josua XXIV, 19 zurück — die Notwendigkeit dieser Annahme vermag man nicht einzusehen; diese inhaltlich gleichgültige Phrase weist mit demselben Recht auf Richter II, 11 f. zurück. V. 8, heisst es weiter, kann, wenn man das erste »die Kinder Israel« und das in diesem Zusammenhang durchaus anstössige, sicher deuteronomistische »18 Jahre« streicht, ebenfalls auf *E* zurückgeführt werden — zu welcher Streichung indes bei der nachlässigen Schreibweise des Deuteronomisten gar kein Grund vorhanden ist; v. 9 hält Stade für eine Glosse, v. 10 könne dagegen wieder auf E zurückgehen, werde jedoch wegen seines Schlusses für deuteronomistisch retouchiert zu halten sein. V. 11 f. soll ebenfalls stark deuteronomistisch retouchiert sein, doch blicke auch hier in dem »Amoriter« E als Grundlage durch — mit demselben Rechte kann man auch die Strafpredigt VI, 7—10 als elohistisch ansprechen. V. 13 f. soll wieder auf Josua XXIV 21—23 zurückweisen (ohne dass sich ein Grund für diese Annahme einsehen lässt, da die betreffenden Verse vielmehr sehr gut deuteronomistisch klingen), sei also in seinem Grundstock gleichfalls auf E zurückzuführen; doch sollen die »anderen Götter« ergeben, dass v. 13 f. deuteronomistisch überarbeitet ist. Das Erstere werde durch den Befund von v. 15 f. bestätigt, welche die naturgemässe Fortsetzung dieser Verse bilden und gleichfalls aus E stammen sollen. Namentlich v. 16 sei einerseits durch die Götter der Fremde (Josua XXIV, 20. 23. Gen. XXXV, 2 — aber auch I. Sam. VII, 3. Jeremia V, 19. VIII, 19), andrerseits durch »da ward seine Seele Israels Elend überdrüssig« (vergl. Num. XXI, 4 b) als aus E stammend nachgewiesen — vergl. dazu Bertheau S. XXIII f. — Man sieht, die inhaltlichen Gründe Stade's überzeugen nur, wenn man an die unverkennbare Zurückbeziehung dieses Stückes auf Josua XXIV glaubt. Mit einseitiger Benutzung der sprachlichen Form kann man, bei der mannigfaltigen Mischung des deuteronomistischen Sprachidioms, z. B. auch Richter VI, 7 ff. E zuweisen. Ich habe bei diesem Versuche Stade's länger verweilt, weil sich Budde (S. 128) auf Stade's Nachweis als wertvoll beruft (vergl. auch Kittel S. 51. S. 53 ff.).

Die Geschichte des Gileaditen Jephta umfasst XI, 1—XII, 7. Aus der Erzählung in Kapitel XI ist das Stück v. 12—29 auszuschliessen (Wellhausen S. 228, Bertheau S. 186—190). Studer S. 287 giebt bereits eine sehr gute Begründung der kritischen Zweifel an der Ächtheit dieses Abschnittes, ohne dieselben zu einem »entscheidenden Verwerfungsurteil« erheben zu wollen. Diese Verse sind, und zwar oft bis auf die einzelnen Wörter, aus Num. XX—XXI exzerpiert. Vergl. zu v. 17 Num. XX, 14.

17. Num. XXI, 22; zu v. 18: ממורח שמש und כי ארנן וג׳ Num. XXI, 11. 13, zu v. 19 Num. XXI, 21. V. 20 findet sich wörtlich in Num. XXI, 23 wieder. Zu v. 22b מארנן ועד־היבק vergl. Num. XXI, 24 V. 29, welcher die Wirkung der Abweisung des Ammoniters auf Jephta ausdrücken und nach der langen Rede in die Situation zurücklenken soll, greift v. 32 vor; der folgende v. 30 greift über den ganzen Abschnitt v. 12—29 zurück und schliesst direkt an v. 11 an.

Über v. 32 f. haben wir bereits oben kurz gesprochen; diese Verse erzählen in ziemlich allgemeinen und gewöhnlichen Ausdrücken (ויכנעו בני־עמון, ויפם מכה גדולה, ויחנם י׳ בידו) die schwere Niederlage, welche Jephta den Ammonitern beibrachte; v. 33b erscheint als ein überflüssiger Nachtrag: der Vers wird durch diesen Zusatz überfüllt und bei dem plötzlichen Wechsel des Subjektes schliessen sich diese Worte nicht gut an das Vorhergehende an. — Desto individueller, lebendiger und bewegter ist die folgende Schilderung von der Heimkehr des siegreichen Jephta und dem Zusammentreffen mit seiner Tochter (v. 34 ff.). Der tiefe und doch nicht masslose Schmerz des Vaters, die edle Ergebung der Tochter, die schliessliche Resignation beider sind wunderbar geschildert. Im Übrigen ist diese Darstellung für den Historiker nicht eben so leicht zu verstehen, wie ihre Schönheit zu empfinden ist. Jephta erscheint in dieser Schilderung wie ein seit langem in Mizpah ansässiger Mann; er besitzt ein Gehöfte, eine Tochter, welche Freundinnen hat (v. 37 f.), und die Art und Weise, wie v. 34 erzählt wird, diese Tochter sei sein einziges Kind gewesen, scheint vorauszusetzen, das Jephta ein selbständiger, ansässiger Familienvater war. Zu den Voraussetzungen aus v. 1 ff. dieses Kapitels stimmt dies Bild offenbar nicht: danach ist Jephta ein vom Gut seines Vaters vertriebener und verbannter Mann, ohne Haus und Hof, der sich lange in der Wüste herumtreibt und allmählich eine Räuberbande um sich sammelt — es müsste denn zwischen v. 11 und v. 30 eine jahrelange Entwicklung liegen, welche das in v. 34 ff. Erzählte möglich macht! Dazu kommt schliesslich, dass sich das עשה לך י׳ נקמות מאיביך in v. 36b nur sehr uneigentlich auf den Sieg unseres Helden über Ammon

anwenden lässt; so könnte wohl gesagt werden von Gideon nach
der einen Erzählung VIII, 4 ff., oder von Simson nach XV, 7 —
aber nicht gut von Jephta nach der Darstellung in v. 4 ff. Der
Ausdruck, den man nicht drehen und deuteln darf, setzt einen
anderen, viel spezielleren persönlichen Grund des Kampfes
zwischen Jephta und den Ammonitern voraus, als v. 4 ff. erzählt ist.

Ebensowenig, wie dieser Ausdruck in v. 36b auf das uns
von Jephta Erzählte passt, ebensowenig vermag die Voraussetzung
in XI, 4 ff. das schwere Gelübde des Helden einigermassen zu
erklären. Man versteht gar nicht, woher Jephta, der sich doch
nur halb widerwillig von den Gesandten Gilead's zum Kampfe
gegen die Ammoniter erbitten lässt, die Lust zu einem solchen
Gelübde vor Jahwe hernimmt. Einen wirklichen zur Erklärung
dieses Gelübdes zureichenden Grund erhält man nur durch die
Voraussetzung, dass die gehassten Ammoniter Jephta's persönliche Feinde waren, dass es also seine eigene persönliche Angelegenheit war, in deren Interesse er vor Jahwe gelobt: »wenn
du mir die Ammoniter in die Hand giebst, so sollst du dies
und das haben«; die Triebkraft seines Gelübdes war also persönliche Rachgier. Nur so erklärt sich auch vollständig die
Antwort seiner Tochter: »Jahwe hat jetzt deines Herzens Rach-
durst gelöscht, nun thu auch, wie du ihm versprochen hast«.
Ich halte nach den angeführten Gründen als Thatsache fest,
dass sich weder die Stellung Jephta's, noch sein Gelübde in
Mizpah aus der vorhergehenden Erzählung XI, 1 ff. einigermassen
begreifen lässt. Es ist aber nur möglich, die Thatsache der
Verschiedenheit des Bildes in v. 30 ff. und der Voraussetzungen
in v. 1 ff. zu konstatieren; der Erklärung entzieht sich diese
Verschiedenheit, da die Geschichte von Jephta jetzt ein Ganzes
bildet, welches mit den Mitteln der Litterarkritik kaum noch
zu zerlegen ist.

XII, 1 — 7 schliesst die Jephtageschichte. Nachdem der
Gileadite an seiner Tochter das Gelübde vollzogen hat, kommen
die Ephraimiten über den Jordan und machen dem siegreichen
Führer Gilead's Vorwürfe, dass er sie nicht zum Kampfe gegen
Ammon aufgefordert habe. Jephta verteidigt sich: er habe ja

die Ephraimiten aufgeboten, sie hätten aber seinem Hülferuf nicht Folge geleistet. (!) Es kommt schliesslich zum Kampfe, in welchem die übermütigen Ephraimiten von den Gileaditern völlig besiegt werden. — Dass diese Geschichte ein Nachtrag ist, ergiebt sich m. E. deutlich genug: die Ephraimiten lassen dem betrübten Vater gerade die von seiner Tochter erbetenen zwei Monate Zeit, damit er sein einziges Kind opfern und so das Klagefest der Töchter Israels begründen kann; mit v. 39 f. ist der Zweck des Erzählers, die Erklärung jener Volkssitte, erreicht, — es wäre höchst geschmacklos, wenn er im Folgenden wieder von dieser Höhe herabstiege und uns eine gegen die erzählte so sehr abstechende Geschichte berichtete. Es streitet gegen jedes natürliche und schriftstellerische Gefühl, den Geist Jephta's, nachdem er das Höchste vollbracht und erlitten, aus der Ruhe schweigenden Schmerzes hervorzurufen und nochmals als gemeinen Krieger auftreten zu lassen. Was XII, 1—7 noch folgt, ist deshalb mit Wellhausen (S. 229) als ein späterer Nachtrag anzusehen, der, VIII, 1—3 nachgebildet, doch schon dem Redaktor vorgelegen hat (v. 7) (gegen Kuenen I. 2. § 19. Anm. 6. Bertheau S. 198 ff.). Budde meint freilich (S. 127), Sprache und Haltung des Stückes seien alt und echt; aber gleich das erste Wort XII, 1: ויצעק (vergl. auch v. 2) ist ein Lieblingsausdruck des Überarbeiters, vergl. VI, 34. 35. VII, 23. 24. X, 17; ebenso wird die Verbindung איש־אפרים oder איש־ישראל öfters von dem Redaktor gebraucht, vergl. VII, 14. 23. 24. VIII, 1. 22. IX, 55. V. 1: עברת להלחם וג׳ findet sich so fast wörtlich XI, 32. עבר אל־, nur in der späteren Sprache in der Bedeutung »gegen jemanden andringen, ihn angreifen«, findet sich v. 3 wie XI, 32 — überhaupt ist v. 3ᵃ von ואעברה (sic!) an wörtlich aus XI, 32 abgeschrieben. Zu v. 5: וילכר...אח־מעברת וג׳ vergl. VII, 24 und wörtlich in dem von dem Redaktor herrührenden Stücke III, 28. — Am Abschluss der Geschichte Jephta's zeigt sich (v. 7) die Hand des Redaktors in der Zeitangabe und in dem וישפט; auch v. 6ᵇ, die grosse Zahl der von Ephraim Gefallenen, mag bereits Zusatz des Überarbeiters sein, vergl. III, 29.

Den Schluss von Kapitel XII (v. 8—15) bildet die Geschichte der Richter Ibzan aus Bethlehem (v. 8—10), Elon aus Sebulon (v. 11 f.) und Abdon ben Hillel aus Piraton (v. 13—15). Der Inhalt der Berichte ist sehr dürftig: Feinde, gegen welche diese Führer Israels zu kämpfen haben, werden gar nicht aufgeführt, und man fragt sich, wozu sind sie eigentlich da? Es wird ihr Name genannt (bei einigen mit Nachrichten über ihr Geschlecht), die Zeitdauer ihres »Richtens« und ihr Tod sowie ihr Begräbnisort. Über den Wert der genealogischen Notizen vergl. Nöldeke S. 183 f., Wellhausen S. 218 Anm. 1 und Budde S. 96 f. Die inhaltsleeren Verse sind offenbar von derselben Hand verfasst wie X. 1—4.

Die folgenden Kapitel XIII—XVI erzählen die Geschichte von Simson. Nachdem die Israeliten wieder in die Sünde der Abgötterei gefallen sind, giebt Jahwe sie vierzig Jahre lang in die Hand der Philister. Da erscheint dem unfruchtbaren Weibe des Daniten Manoach der Engel Elohim's und verkündigt ihr die Geburt eines Sohnes: kein Scheermesser wird auf sein Haupt kommen, denn er wird ein נזיר־אלהים sein von Mutterleibe an und wird anfangen, Israel aus der Philister Hand zu befreien. Derselbe Engel erscheint später noch einmal auch dem Manne und wiederholt die Verkündigung; durch ein Wunderzeichen bei der Darbringung einer Olah offenbart er sich als Bote Gottes. Das Weib gebiert wirklich einen Sohn, den sie Simson nennt und mit dem von Jugend auf der Geist Jahwe's ist.

Kapitel XIV erzählt die Brautwerbung Simson's um ein Weib aus Timnah und das Rätsel, welches er den Hochzeitsgästen aufgiebt. Simson verliert durch die Falschheit des philistäischen Weibes seine Wette, bezahlt seine Schuld mit den Feierkleidern erschlagener Philister und geht dann zornig von dannen. Kapitel XV setzt die Erzählung fort. Die Verlobte Simson's ist einem Anderen zum Weibe gegeben worden, der betrogene Bräutigam rächt sich an den Philistern und zieht sich dann in das Felsengeklüft Etam in Judäa zurück (v. 1—8). Darauf brechen die Philister in das judäische Land ein, um Simson zu fangen (v. 9—20). Die Judäer liefern ihn gebunden und gefesselt den Philistern aus, jubelnd über den Fang kommen die Feinde heran, da zerreist der Held mit übermenschlicher Kraft seine Stricke und erschlägt mit einem frischen Eselskinnbacken 1000 Mann. Seine wunderbare Errettung aus der Gefahr des Verdurstens durch göttliche Hülfe und die Zeit seiner Richterschaft über Israel schliessen die Erzählung. Kapitel XVI erzählt in v. 1—3 ein neues Abenteuer Simson's in Gaza, v. 4—41 berichten die Liebschaft Simson's mit Delila, den Verrat des Weibes und den Untergang des Helden.

Aus dieser Inhaltsangabe ist ersichtlich, dass man zwei tiefere Einschnitte in der Erzählung zu machen hat, den ersten zwischen den Kapiteln XIII und XIV und den zweiten hinter Kapitel XV. In XIV, 1 ff. tritt uns Simson gleich als Mann entgegen, — von seiner Jugend, seiner Entwicklung ist gar nichts gesagt. Die Kapitel XIV und XV gehören zusammen, insofern das, was in Kapitel XV erzählt wird, sich mehr oder weniger eng (vergl. die Verbindung zwischen XV, 8 und v. 9) an die Brautwerbung und Hochzeit Simson's anschliesst; Kapitel XVI dagegen hat keine Verbindung mit dem Vorhergehenden und steht für sich.

Der Berührungspunkte in den Erzählungen XIV, 1 ff. und XVI, 4 ff. sind manche: hier wie dort ein Liebesabenteuer Simson's mit einem philistäischen Weibe; hier wie dort stecken sich die Philister hinter das Weib, um den gefürchteten Helden zu überlisten; Simson wiedersteht eine Zeit lang, aber hier wie dort erliegt er schliesslich den Thränen und Bitten des geliebten Weibes, vergl. speziell XVI, 15 mit XIV, 16. — Auch XV, 9 ff. hat mit XVI, 4 ff. Ähnlichkeiten: Simson zerreisst dort die neuen Stricke, in denen er den Feinden gebunden ausgeliefert wird, ebenso wie in Kapitel XVI die Fesseln der Delila, vergl. v. 11, wo für die Bande sogar derselbe Ausdruck gebraucht wird wie XV, 13. Selbst das Bild zur Bezeichnung der Leichtigkeit, mit welcher Simson die Fesseln zerreisst, ist in beiden Geschichten dasselbe: er zerreisst die frischen Stricke, als ob es Flachsfäden wären, die vom Feuer versengt sind. In dieser Vergleichung mag sich eine dunkle Erinnerung an die mythische Natur Simson's erhalten haben; denn dass eine solche mythische Auffassung Simson's einst existiert hat, sollte man nicht leugnen (vergl.

Kuenen I. 2. § 19. Anm. 7 gegen Bertheau S. 211 ff.), ist auch durch Wellhausens Kritik (S. 229 f.) an Steinthal, der »zuviel an einen Nagel hängt«, gar nicht ausgeschlossen; freilich »für den Verfasser von Kapitel XIII—XVI ist Simson ein Mensch geworden« (Kuenen a. a. O.). — Jedenfalls sind die Geschichten in Kapitel XIV—XVI von derselben Hand aufgezeichnet: zu XVI, 5 פתי vergl. XIV, 15; zu XVI, 11 עבחים חדשים XV, 13; zu חדר XVI, 9. 12 u. s. w. vergl. XIV, 18. XV, 1; zu XVI, 9 b vergl. XV, 14 b und zu XVI, 16 הציקה לו—XIV, 17: הציקתהו.

Was die Überarbeitung dieser Simsongeschichten betrifft, so ist XIII, 1 offenbar Zusatz des Redaktors. In der folgenden Verkündigungsgeschichte Simson's scheidet Böhme (Z. A. W. 1885, S. 261. vergl. Budde S. 130) mit Recht aus: v. 3 b von יהרית an, vergl. v. 5; v. 4 b und dieselben Worte in v. 7; v. 14 ganz, bis auf ויין ושכר אל־חשת; v. 18 b; in v. 19 a und v. 23 a die מנחה; endlich v. 19 b, v. 21 a und v. 23 b. Ausserdem ist sicher v. 5 b רהוא יחל רג׳נ als dem ursprünglichen Berichte fremd zu streichen; denn diese Worte verraten die bei Simson ganz spezifisch falsche Auffassung des Deuteronomisten von dem Wesen eines »Richters«. Ferner bemerke man, dass Manoach v. 8 Gott bittet, ihm durch den Propheten Aufklärung darüber zu geben, מה נעשה לנער היולד, wie es die Eltern mit dem Knaben, der geboren werden soll, halten sollen; dasselbe besagt die Frage an den Engel v. 12 b מה יהיה משפט הנער ומעשהו. משפט ist hier, ähnlich wie z. B. II Könige I, 7, der habitus, die Art und Weise zu leben, das Thun und Treiben, parallel mit מעשה. Was der Engel in v. 13 f. auf diese Frage des Mannes antwortet, sind offenbar dieselben Verhaltungs-massregeln für sein Weib wie v. 4 ff., die aber gar nicht als Antwort auf die Frage des Manoach passen. Es ist schon eine wunderliche Vorstellung, die zur Erklärung der abermaligen Erscheinung des Engels unzureichend ist, dass der Bote Gottes noch einmal ganz dasselbe verkündigt, nur damit es auch der Mann des Weibes hört. In v. 13 f. muss gestanden haben. dass der Knabe keinen Wein trinken soll, dass kein Scheermesser auf sein Haupt kommen soll, dass er ein Geweihter Gottes sein und grosse Thaten ausfuhren wird. Nur wenn der Bote Gottes eine solche frohe Botschaft gebracht hat, versteht der Leser die freundlich dringende Einladung des Daniten an den fremden Mann, nur so erklärt sich die Frage des Manoach: wie ist dein Name, dass wir dich beschenken können, wenn deine Verkündigung eingetroffen ist, nur so hat das freudige Dankopfer für Elohim einen Grund.

Zu Kapitel XIV vergl. Stade, Z. A. W. 1884, S. 250 ff. Stade streicht: v. 5 ראביר ראמו (dann zu lesen ויבא). v. 6b. v. 8ª לקחתה; in v. 10ª liest er für שמשן-אביר, was dann v. 10b überflüssig wird; ferner ist das unverständliche ויהי אחו כראחם v. 11ª zu streichen (Bertheau's Conjektur: וג ויהי כִירְאָיִם beseitigt die Schwierigkeit nicht); in v. 12 ומצאחם; v. 14—15 שלשח bis השביעי; v. 15 lies הלם statt הלא und v. 18 החדרה statt החרסה und streiche v. 19ª. Trotz dieser Änderungen im Einzelnen bleiben noch manche Anstösse in der Anordnung und dem Gang der Erzählung. Was zunächst das Äusserliche anbelangt, so beachte man den doppelten gleichlautenden Ansatz in v. 1 und v. 5 — kein guter Erzähler drückt sich so unbeholfen aus, auch bei den Hebräern nicht. Dass v. 4 nicht ursprünglich ist, beweist die mit der unbefangenen Erzählung in grellem Widerspruche stehende Vorstellung, als ob Jahwe nur so auf den Moment laure, um Simson auf die Philister loszulassen. Die reine Freude an der natürlich und echt menschlich sich entwickelnden Geschichte wird getrübt, wenn man hinter dem Erzählten überall die Absicht Jahwe's vermuten muss. Der ursprünglichen Erzählung in Kapitel XIV ist diese Anschauung völlig fremd (v. 19ª stammt von derselben Hand wie v. 4), — da ist es nicht der philisterfeindliche Jahwe, der die Verwicklung herbeiführt, sondern menschliche Leidenschaft und menschliche Schwäche. — Nach v. 3, muss man sich denken, ist eine definitiv abweisende Antwort der Eltern erfolgt, worauf hin Simson mit seinem Vaterhause bricht. — mit dem Verstummen der Eltern kann der Dialog unmöglich schliessen. Dass die Geschichte einen solchen

Ausgang genommen hat, beweist der den Unverstand der Eltern gegen den im Geiste Jahwe's handelnden Sohn gewissermassen in Schutz nehmende v. 4, welcher an Stelle der Widerrede des Vaters getreten ist. Simson geht in hellem Zorne trotzig von seinen Eltern weg und bespricht sich (v. 7) mit dem geliebten Weibe, — dann kehrt er zurück zu seinen Eltern und bringt ihnen süssen Honig mit — welch undenkbarer Zug! Ferner wäre im Hinblick auf v. 7 offenbar natürlicher, wenn die Worte Simson's zu seinen Eltern in v. 3: היא ישרה בעיני nach v. 7 stünden. V. 7 lautet so, als ob Simson hier zum ersten Male die Bekanntschaft des philistäischen Weibes machte; die nach dem Zusammenhange notwendige Übersetzung: er besprach sich mit dem Weibe (wegen der Hochzeit), ist unmöglich, und das darauf folgende וייטב וחישר וג wäre dann geradezu unverständlich. Auch die Erzählung v. 5 ff. ist nicht klar: Simson geht hinab in das Philisterland und als er an die Weinberge von Timnah kommt, springt ihm brüllend ein junger Löwe entgegen; er tötet das wilde Tier mit seinen Händen, ohne Waffe, und als er nach einigen Tagen wieder an jenen Ort seiner Heldenthat kommt, hat sich ein wilder Bienenschwarm in dem Aase (?) des Löwen niedergelassen. Simson isst von der süssen Speise und bringt auch seinem Vater und seiner Mutter davon zum Kosten — dann kehrt er wieder nach Timnah und macht Hochzeit! Es ist klar genug, dass zwischen v. 9 und v. 10 etwas fehlt, Simson kann doch nicht bloss von Timnah zurückgekehrt sein, um seinen Eltern Honig zu bringen! Diese Lücke zwischen v. 9 und v. 10 wird durch das Zwiegespräch oben v. 2 f. sehr gut ausgefüllt. Hier, vor der Hochzeit, erwartet man die Bitte des Sohnes um Einwilligung des Vaters zu seiner Wahl. Die Geschichte, in welcher erzählt wird, wie Simson die Bekanntschaft des Weibes aus Timnah machte, ist aus der Verbindung mit der Erzählung vom Löwentöter losgelöst und selbständig gemacht worden. Die Reconstruction der ursprünglichen Fassung gelingt leicht. Die Erzählung begann mit v. 5; v. 7 ist mit v. 1 zu combinieren und so zu lesen:

וירד וירא אשה בתמנה מבנת־פל וידבר לאשה וחישר וג״

Zwischen v. 9 und v. 10 ist das am Ende verstümmelte Zwiegespräch Simson's mit seinen Eltern (v. 2 f.) einzuschieben; infolge des unbefriedigenden Ausganges desselben verlässt Simson in v. 10 das Haus seines Vaters, geht nach Timnah und feiert dort unter den Philistern seine Hochzeit. Kapitel XV scheint im Ganzen unverändert überliefert zu sein; v. 6b ist vor אביה einzusetzen בית־, vergl. XIV, 15, und in v. 16 ist mit van Doorninck חֲמָרְתִים zu punktieren anstatt חֲמֹרָתָיִם. Auch die Geschichten in XVI, 1—3 und v. 4 fl. verlaufen in glatter Erzählung ohne grössere Schwierigkeiten, nur ist zwischen v. 13 und v. 14 offenbar etwas ausgefallen, vergl. v. 7b und 11b; LXX hat (cod. B): καὶ ἐγκρούσῃς τῷ πασσάλῳ εἰς τὸν τοῖχον (erklärender Zusatz in der Übersetzung) καὶ ἔσομαι ὡς εἷς τῶν ἀνθρώπων ἀσθενής. Καὶ ἐγένετο ἐν τῷ κοιμᾶσθαι αὐτὸν καὶ ἔλαβε Δαλιδὰ τὰς ἑπτὰ σειρὰς τῆς κεφαλῆς αὐτοῦ καὶ ὕφανεν ἐν τῷ διάσματι d. h. ungefähr folgende hebräischen Worte sind ausgefallen:

ויתקעי ביתד וחליתי והייתי כאחד האדם: ויהי בשכבי
ויקה דלילה את־שבע מחלפת ראשו ותארג עם־המסכת:

Der Schreiber irrte von dem ersten ויתקעי auf das zweite ותקע ab; vergl. Bertheau S. 232 f. auch Studer S. 349 f. neigt sich bereits, immerhin zweifelnd, doch mehr zur Anerkennung des Textes der LXX. — Erst v. 23 fl. scheint die Ordnung in der Erzählung ernstlich gestört zu sein. Nachdem die Philister den Simson geblendet haben, werfen sie ihn in den Kerker. Darauf, d. h. doch wohl kurze Zeit nachher, veranstalten die Fürsten der Philister ein grosses Volksfest zu Ehren ihres Gottes Dagon, der ihnen den Feind ihrer Nation in die Hand gegeben hat; beim Anblick des verhassten Todfeindes jubelt das versammelte Volk laut auf und preist seinen Gott. Dann fährt v. 25 also fort: »und als sie in heiterer Stimmung waren, sagten sie: rufet den Simson, er soll uns etwas vorspielen; da rief man den Simson aus dem Kerker« u. s. w. Es ist klar, dass hier zum ersten Male bei dem Feste Simson aus dem Gefängnis geholt wird, in das er v. 21 geworfen worden ist; dann kann ihn aber das Volk nicht schon v. 24 gesehen haben, und ausserdem passt der Jubel der Philister, dass der gefürchtete Feind endlich in ihren Händen ist, den sie hier offenbar zum ersten Male in Ketten sehen, viel besser dahin, wo Simson gefangen nach Gaza gebracht wird: v. 24 gehört also nach עזתה in v. 21. Ferner ist v. 23 b zu streichen; denn der Schrifsteller wird sich nicht zwei Verse weiter selbst abschreiben. Durch die Versetzung von v. 24 aus v. 21 an seine jetzige Stelle, mitten in das Dagonsfest hinein, wozu gewiss das ויהללו את־ אלהיהם (v. 24) Grund gegeben hat, und durch die Wiederholung von נתן אלהינו רג״ in v. 23 b wurde das Dagonsfest zu einem Freudenfeste des Volkes über die Gefangennahme seines Erzfeindes gemacht.[1] — v. 31 a, der dem toten Helden ein ehrliches Begräbnis verschafft und ihn mitten aus Feindesland holen lässt, scheint ebenso wie v. 31 b redaktioneller Nachtrag zu sein, abhängig von XIII, 25, vgl. XVIII, 11.

II.
Quellen und Redaktion von Richter II, 6—XVI.

Aus dem ersten Hauptteil unserer Untersuchung haben wir ersehen, dass der in der kritischen Analyse herausgeschälte Kern der einzelnen Richtergeschichten in der mannichfaltigsten Weise modifiziert und erweitert worden ist. Ehe wir nun auf diese Redaktion der Richtergeschichten näher eingehen, wird es gut sein, wenn wir die Quellen der einzelnen Erzählungen, resp. den litterarischen Bestand, an welchen sich nach den Ergebnissen der kritischen Analyse die Überarbeitung angeschlossen hat, hier noch einmal abgesondert beurteilen. Ausgeschlossen bleiben von dieser Betrachtung die sogenannten sechs kleinen Richter, nämlich: Samgar III, 21, Tola X, 1 f., Jair X, 3 ff., Ibzan XII, 8 ff., Elon XII, 11 ff. und Abdon XII, 13 ff. Diese Richter nehmen, wie bereits gezeigt ist, eine Sonderstellung ein; unberücksichtigt bleibt auch die ganz von dem Überarbeiter stammende Geschichte des Othniel ben Kenas, III, 7—11.

---
[1] Vergl. Bertheau S. 234 f.

1. Die Quellen.

Die Erzählung von dem ersten Richter Ehud ben Gera III, 15 ff. ist aus einem Gusse und hebt sich durch Inhalt und Form klar und deutlich sowohl von dem Nachtrag v. 27 ff. als von der vorhergehenden allgemeinen Einleitung ab, vergl. oben S. 7 f. Das Bild macht in seiner scharf begrenzten Einheit nicht den Eindruck, als ob es in einem grösseren Zusammenhange gestanden hätte; doch ist die Form so fest und so eigentümlich verschieden von dem v. 27 ff. folgenden Stücke, dass man eine schriftliche Fixierung dieser Erzählung bereits vor ihrer Aufnahme in den jetzigen Zusammenhang anzunehmen geneigt ist. Über Zeit und Ort der Entstehung lässt sich natürlich gar nichts Genaueres sagen. Der allgemeine Eindruck der Darstellung spricht für hohes Alter. Die Geschichte wird höchstwahrscheinlich in dem Stamme entstanden sein, dessen Helden sie feiert, also in Benjamin; mit der Umgegend von Jericho und Gilgal ist die Quelle offenbar gut bekannt.

Die Erzählung von dem Siege der Deborah und des Barak über Sisera in Kapitel IV ist nicht einer von Kapitel V unabhängigen Quelle entnommen, sondern ist lediglich eine aus dem Deborahliede geflossene prosaische Reproduktion der dort erzählten und vorausgesetzten Thatsachen, vergleiche Wellhausen S. 220 ff. Die Bereicherung der Überlieferung durch den Namen der Residenzstadt Sisera's hat unter diesen Umständen kein Gewicht. Die Geschichte IV, 4 ff. muss ziemlich spät verfasst sein; im Inhalte begegnen wir ganz der mechanischen Geschichtsauffassung, welche die Produkte einer späteren Zeit kennzeichnet: Deborah, die allgemein anerkannte Richterin im Gebirge Ephraim, von der sich ganz Israel Rat und Recht holt; im Auftrage Jahwe's befiehlt sie dem Barak, er solle 10000 — gerade 10000! — Krieger aus den Stämmen Naphtali und Sebulon — warum eben aus diesen Stämmen?! — ausheben und auf den Berg Tabor ziehen, dann werde Jahwe den Sisera an den Bach Kison locken »denn Jahwe hat seine ganze Kriegsmacht in deine Hand gegeben.« Auf Barak's ängstliche Bitte zieht Deborah mit ihm, wie ein geistlicher Beistand — denn in der Schlacht wird sie ja nicht verwendet. Ganz genau so, wie die Seherin es befohlen und vorausgesagt, entwickelt sich selbstverständlich die Geschichte auch: die 10000 Mann aus Naphtali und Sebulon folgen Barak mit Deborah auf den Tabor, Sisera kommt an den Kison, Deborah ermuntert Barak: קום כי זה־ היום אשר נתן י' אח־סי' בידך v. 14 — so lautet V. 12 ברק קים ושבה בן־אבינעם שביך in Prosa übersetzt —; dieser steigt mit seinen 10000 vom Tabor herab, schlägt und verfolgt Sisera u. s. w. Man sieht, dies prosaische Machwerk setzt überall stillschweigend die poetische Schilderung in Kapitel V voraus. Statt der freien, wunderbaren, zufälligen Entwickelung haben wir hier ein starres göttliches Gebot, nach welchem Alles voraus bestimmt sich abwickelt; was in dem Deborahliede nur eine einzelne, mit lebhafter Teilnahme und in wenigen anschaulichen Worten geschilderte Episode ist, der Tod Sisera's, das erscheint nach IV, 4 ff. als die Hauptgeschichte, auf die Jahwe schon vorher in v. 9 aufmerksam macht, und wird mit überlegter wohlgefälliger Grausamkeit gemächlich erzählt, v. 17—22. — Schliesslich verweist die Sprache mit manchen deuteronomischen Anklängen in bereits spätere Zeit: zu משך in der Bedeutung von v. 6 vergl. Richter XX, 37 Exod. XII, 21; zu v. 7b vergl. 1 Könige XX, 13, 28; die Verbindung (לא) אפס כי begegnet, abgesehen von der wahrscheinlich späten Stelle Amos IX, 8b, in Num. XIII, 28, Deuter. XV, 4; zu מכר ביד v. 9 vergl. Richter II, 14. III, 8. IV, 2. Deuter. XXVIII, 16 u. s. w.; zu ויהם v. 15; vergl. Deuter. II, 15. I. Sam. VII, 10. — Kapitel IV kann nach Inhalt und Form nicht allzu weit von deuteronomischer Zeit entfernt sein.

Dass die Geschichte Gideon's aus Ophra Kapitel VI—VIII aus zwei Quellen zusammengearbeitet ist, haben wir oben S. 11 ff. gesehen, auch über die Verschiedenheiten jener Quellen haben wir bei Gelegenheit der kritischen Analyse bereits gesprochen. Am besten erhalten, wenn auch dem Umfange nach scheinbar am wenigsten, ist jedenfalls die charakteristische zweite Darstellung VIII, 4—21. Der Anfang der Quelle ist freilich von dem Redaktor, welcher diese Geschichte mit der ersten Gezählung VI, 11—VIII, 3 zusammenstellte, gestrichen, ebenso ist der Schluss des Berichtes verloren gegangen oder wenigstens in einer jüngeren, veränderten Fassung auf uns gekommen. Was übrig bleibt, ist ein scharf geprägtes Bild mit eigentümlicher Sprache, die in Nichts an den Redaktor erinnert. Viel ungünstiger steht es mit der ersten Gideonsgeschichte, welche ein sehr zusammengesetztes Aussehen hat. Diese Quelle ist nicht so gut erhalten, sondern durch Zusätze und Erweiterungen mannigfach getrübt. Am besten überliefert ist noch die Geschichte von Gideon's Berufung, VI, 11 ff. und von dem Besuche Gideon's im feindlichen Lager, VII, 9 ff., sowie die Darstellung des Überfalles desselben, VII, 16—21 (vergl. über dies Stück weiter unten). Dagegen scheint in der Schilderung des Kriegsanfanges VI, 33 f. der Redaktor seine Hand im Spiele gehabt zu haben, ebenso wie in VII. 22 ff., vergl. das häufige ייצעק VI, 34. 35. VII, 23. 24. Ausserdem schliesst sich VI, 33 nicht gut an die Berufungsgeschichte an; es scheint, als ob hier der Redaktor selbst hätte schaffen müssen, weil ihn die Überlieferung im Stich liess. Dass die zweite Geschichte von Gideon's Berufung VI, 36 ff. einer besonderen Quelle zuzuschreiben sei, erscheint mir nicht recht glaublich; die Vorstellung von Gideon als dem von Gott gesandten Retter Israels ist wenigstens ganz dieselbe wie in der Hauptgeschichte VI, 11 ff. Der Abschnitt VI, 25—32 ist dagegen sicher ein späterer Zusatz. — Die beiden Erzählungen von Gideon können bei ihrer grossen Ähnlichkeit nicht unabhängig von einander entstanden sein. Die Beantwortung der Frage, welcher von beiden Geschichten die Priorität zuzuerkennen sei, ist nicht schwierig: die zweite Geschichte VIII, 4 ff., in welcher Alles natürlich zugeht, in welcher Nichts von einem einheitlichen Israel zu spüren ist, in welcher Gideon nur innerhalb seines Geschlechtes etwas zu sagen hat, ist offenbar die ursprünglichere. Von dieser Version ist die andere in entscheidenden Punkten abhängig. Gideon überfällt mit 300 Mann das sorglose Lager der Midianiter, zerstreut dasselbe vollständig, verfolgt die flüchtigen Feinde und bekommt zwei Führer derselben in seine Hände. Dieser Kern der Überlieferung ist in beiden Geschichten derselbe, aber in VI, 11—VIII, 3 nach dem Standpunkt einer späteren Zeit aufgefasst und dargestellt:

aus der Razzia einer vereinzelten midianitischen Horde in Manasse werden jährliche Einfälle »Midian's« mit Heeresmacht gemacht und auf »Israel« ausgedehnt; Gideon ist hier der Befreier ganz Israels von dem Volksfeinde Midian, der gottgesandte Streiter, dessen Rufe alle israelitischen Stämme folgen. Die Entstehung der Namen der beiden midianitischen שרים aus den als Schlachtplätze in den Midianiterkriegen bekannten Ortsnamen (vergl. Jesaia X, 26; צור־ערב und יקב־זאב wie ביח־ עיר־נחש u. s. w.) ist ,עין־חנין, עין־נרי, בית־לבאות, חגלה dursichtig genug. Von einem Stück dieser zweiten Geschichte, der Schilderung des Überfalles des Midianiterlagers VII, 16—21 lässt es sich geradezu beweisen, dass es nicht von der älteren Geschichte abhängig, sondern aus jener Erzählung herausgerissen und in die spätere Darstellung versetzt worden ist.

Die Abimelechgeschichte in Kapitel IX ist zum grössten Teil aus einer Quelle entnommen, die mit manchen redaktionellen Änderungen und Verkürzungen in v. 1—5, v. 21—54 wiedergegeben ist. Die Parabel des Jotam v. 6—20 ist erst später zu dem ursprünglichen Berichte von einem Redaktor hinzugefügt, auf welchen die Einleitung zu diesem Gleichnis mit ihrer in den Zusammenhang unpassenden Situation v. 6 ff. ebenso zurückzuführen ist, wie höchst wahrscheinlich die demselben Verfasser zu verdankende moralische Verwertung der Parabel in v. 56, 57, 24; die allgemein gehaltene Einleitung in v. 22 ff. mit ihrer moralistischen Tendenz ist wegen der Vorstellung, als ob Abimelech über Israel geherrscht habe, kein ursprüngliches Gut der Quelle. Der ursprüngliche Bericht ist vor v. 23 b verstümmelt, ebenso wie nach v. 25, vergl. oben S. 27 ff.; an der Identität des Verfassers von v. 1—6 und v. 21 ff. ist nicht zu zweifeln. — Die Quelle, aus welcher die erzählten Begebenheiten entnommen sind, ist gewiss sehr alt. Das Verhältnis der Abimelechgeschichte zu einer der beiden Erzählungen von Gideon betreffend urteilt Wellhausen (S. 227) mit Recht: »In Ton und Geist hat Kapitel IX gar keine Verwandtschaft mit der ersten, dagegen eine sehr grosse mit der zweiten Version.« Dazu kommen Ähnlichkeiten in der Situation und in der Sprache: vergl. besonders IX, 48 b mit der bis auf

die einzelnen Wörter anklingenden Darstellung in VII, 17;
vergl. ferner: נחץ in der Verbindung IX, 45 mit VIII, 9. 17,
שלח חרב IX, 54 mit VIII, 20 und die Zusammenstellung
העם אשר אחו in IX, 33. 34. 35. 48 mit VII, 19. VIII, 4
u. s. w. Speziell ist Kapitel IX wegen der Beschränkung der
Herrschaft Abimelech's auf Sichem und Umgegend der Geschichte VIII, 4 ff. zuzuweisen. Das Königtum des Abimelech
erscheint nach dieser Darstellung als eine durch Abimelech
hervorgerufene und benutzte nationale Reaktion der kanaanitischen Stadtbevölkerung gegen die Herrschaft des israelitischen
Geschlechtes Gideon's und seiner Nachkommen; man bemerke
besonders in IX, 1 ff. das starke Betonen der Blutsverwandtschaft
v. 1 f.: אני ובשרכם עצמכם v. 3: הוא אחינו אמרו כי.
Später thaten sich die Kanaaniter von Sichem und Tebez gegen
die tyrannische Herrschaft des Abimelech, der sich doch wohl
mehr auf die Israeliten stützte, zusammen, vergl. IX, 28: was
geht uns der Sohn Jerubbaal's an? — Was die Entstehung
dieser Gideon-Abimelechgeschichte betrifft, so weist dieselbe,
nach dem Erzählungsstoff und den Lokalitäten zu schliessen,
nach Israel, in die Umgegend von Ophra und Sichem; über die
Lage von Sichem und Umgegend weiss die Erzählung offenbar
gut Bescheid, vergl. IX, 25. 26 ff. 34 ff. 37. 48, ebenso über die
Zustände in der Stadt selbst, vergl. IX, 1—5. 26 ff.

Über die Quellenverhältnisse der Jephtageschichte haben
wir bereits in der kritischen Analyse ausführlicher gehandelt,
vergl. S. 35 ff. Die Erzählung ist nicht in sich klar; dass das
XI, 30 ff. Berichtete zu dem XI, 1 ff. Erzählten nicht stimmt,
ist ebenso anzuerkennen, wie die Thatsache, dass wir keine
litterarischen Kriterien haben, um eine Verschiedenheit der Berichte im Einzelnen nachzuweisen. Durch dies unklare Schwanken
der Tradition wird natürlich das historische Urteil über Jephta's
Geschichtlichkeit beeinflusst; es kann nicht ausbleiben, dass
seine Persönlichkeit selbst zweifelhaft wird. Das Ursprünglichste
an der Überlieferung ist jedenfalls das Gelübde Jephta's und
das Opfer seiner Tochter, — aber gerade diese Erzählung ist
höchst wahrscheinlich nur ein Rückschluss aus jener bestehenden
Sitte, eine Geschichte, durch welche man sich jene Gewohnheit

zu erklären suchte. Vergl. dazu Wellhausen S. 228 f. und dagegen Kuenen I. 2. § 19. Anm. 6. — Die Sage gehört wahrscheinlich dem Nordreiche an, wo jenes jährliche Klagefest der Töchter Israels als Volkssitte üblich war.

Die Erzählungen von dem »Nasiräer« Simson XIII, 2—XVI, 30 stammen nach unserer Untersuchung (S. 39 ff.) in ihrer jetzigen litterarischen Gestaltung — wenigstens der Hauptteil Kapitel XIV–XVI — von einer Hand. Die Auffassung Simson's scheint hier überall so ziemlich dieselbe zu sein: Simson ist der ruhelose Held, der grimmige Feind der Philister, welche er auf eigene Faust bekämpft und bestraft, aber nichts weniger als ein frommer Richter und gottgesandter Retter Israels nach dem Herzen des Redaktors. Sein Hass gegen die Philister hat keine religiösen Gründe, auch ist dieser Hass in der ursprünglichen Erzählung kein nationaler, wie Wellhausen (S. 231) meint: »Man darf wohl in Simson, sofern er der patriotische Streiter gegen den Erbfeind ist, den Schatten Saul's erkennen,« — noch weniger ein grundloser, elementarer: sondern diese grimmige Feindschaft ist durch den Betrug und die Hinterlist der Philister sehr menschlich und sehr gut motiviert. Rache für die Unbilden, die ihm angethan sind, treibt den Helden an, sein ganzes Leben im Kampfe mit den Philistern zu verzehren, beseelt den Geblendeten, als er sich selbst opfert. Welch tragisches Schicksal! Ein Weib hat Simson zum Todfeinde der Philister gemacht, hat ihm Ruhe und Frieden seines Lebens geraubt, und ein Weib liefert den gefesselten Helden wehrlos seinen erbitterten Feinden aus! — Neben diesen sympathischen, echt menschlichen Zügen finden sich doch auch wieder solche, welche über das Mass einer gewöhnlichen menschlichen Persönlichkeit hinausgehen, wie besonders Simson's unheimliche Kraft, die auf dem geheimnisvollen Verhältnis, in dem er zu Jahwe steht, beruht. Durch diese übermenschliche Körperkraft verliert das Bild Simson's wieder die klaren, festen Züge des rein Menschlichen und erhält etwas Unpersönliches, Nebelhaftes, Elementares; auch dass er, der einzelne Mann, gegen ein ganzes Volk ankämpft, passt nicht in das Mass einer menschlichen Persönlichkeit. Man hat an einigen Geschichten dieser Art zu erweisen gesucht, dass denselben die mythische Auffassung Simson's, die doch wohl auch der Name anzeigt, (Kuenen I. 2. § 19. Anm. 7), zu Grunde liege. Zu dem Mythus XV, 4 ff. und der Erklärung der langen Haare (genauer sind es sieben Haarzöpfe) Simson's, in deren Länge die Kraft des »Sonnenhelden« begründet ist, kommt vielleicht noch hinzu, was oben S. 40 zur Erklärung von XV, 14 und XVI, 7—9 vermutet worden ist. Die einzelnen Erzählungen mögen ursprünglich verschiedene Lokalsagen gewesen sein, deren Held durchaus nicht immer Simson gehiessen zu haben braucht. Der Schauplatz der ersten, in sich abgeschlossenen Geschichte ist die Philisterstadt Timnah; die jetzt darauffolgende, ganz andersartige Erzählung spielt am Felsen Etam, mitten im Stamme Juda, die Verknüpfung mit der vorhergehenden Geschichte ist nur ganz äusserlich und unzureichend. Nach vorn und hinten ohne Anschluss steht die dritte Erzählung, welche uns das Liebesabenteuer Simson's in Gaza berichtet. Die letzte Geschichte kat wieder einen anderen Schauplatz am נחל־שרק, während sie am Schluss wieder nach Gaza zurückkehrt. Diese Lokalsagen lösten sich allmählich vom Boden, verallgemeinerten und erweiterten sich, verbreiteten sich im Volke, traten mit einander in Verbindung und so entstand nach und nach ein Sagenkreis, in welchem die einzelnen Geschichten zwar nicht zu einer innerlich gleichartigen, fortlaufenden Erzählung verschmolzen wurden, wohl aber eine äusserliche Verknüpfung und durch die Beziehung auf Simson einen gemeinsamen Mittelpunkt erhielten. Auf dieser Entwickelungsstufe wurden die Erzählungen schon frühe schriftlich fixiert. Durch diese Art der Entstehung der Simsongeschichten wird m. E. jedem Versuche, zwei parallel laufende Erzählungsfäden in denselben zu entdecken, die Aussicht auf Erfolg genommen. — Die specielle Auffassung Simson's als »Nasiräer« ist erst später aufgetragen, — vergl. den Widerspruch, der hinsichtlich des Verbotes des Weintrinkens zwischen der Verkündigungsgeschichte und der Erzählung in Kapitel XIV besteht; die Worte Simson's, in denen er sich selbst als »Nasiräer« bezeichnet (XVI, 17 a), sind wörtlich aus XIII, 5 a abgeschrieben. In Kapitel XIV—XVI gilt Simson nicht als Nasiräer im Sinne von Kapitel XIII — von Num. VI zu schweigen (Bertheau S. 209); anders Kuenen I. 2. § 19. Anm. 7. Damit stimmt auch die von Budde angenommene Vermutung Wellhausens überein, dass Kapitel XIII erst später hinzugewachsen sei. — Unter diesen Umständen ist die Frage nach der »Geschichtlichkeit« Simson's und der erzählten Geschichten abzuweisen; die rationalistische und euhemeristische Historisierung einer so einzigartigen Gestalt wie Simson bei Bertheau (S. 203 f.) wird niemanden ernstlich überzeugen. Wellhausen meint (Prolegg. S. 254): »Es versteht sich übrigens, dass in diesem Falle (bei Simson) der Gegensatz von historisch und unhistorisch nicht angewandt werden darf.« Die Erzählungen sind alt und ursprünglich, man kann viel aus ihnen lernen und sich noch mehr an ihnen freuen. »Mag die historische Kritik, wenn sie es ihrer Würde angemessen findet, sich die unfruchtbare Aufgabe stellen, das zu Grunde liegende Faktische aus solchen traditionellen Volkssagen herauszufinden« (Studer S. 337).

2. Die Redaktion.

Die Quellen der Richtergeschichten, welche wir soeben näher betrachtet haben, haben alle in ihrem jetzigen Bestande eine mehr oder weniger tiefgreifende Überarbeitung durchgemacht. Die Tendenz dieser Redaktion ist im Allgemeinen die, Thaten einzelner Stämme zu Handlungen ganz Israels, und Wagnisse einzelner Stammeshelden zu Heilsthaten, durch welche ganz Israel gerettet wurde, zu erweitern; man vergl. die regelmässigen Einleitungen zu jeder Richtergeschichte und speziell die Erzählungen von Ehud und Gideon. Die Ausdehnung der Bedrückung und Errettung aus Feindeshand auf ganz Israel ist demnach der Zweck der Redaktion. Scheint es so, als ob mit der Annahme eines Überarbeiters die Redaktion des Richterbuches genügend erklärt würde, so bemerkt man doch bei genauerer Betrachtung dieser Redaktion, dass an derselben mehr als eine Hand thätig war. Zur vorläufigen Erhärtung dieser Behauptung, für die ein vollständiger Beweis erst später eben dadurch erbracht werden kann, dass sich die Annahme einer solchen zweiten Redaktion ungezwungen und strikte in dem

Erzählungsstoff durchführen lässt, genügt es auf die Einleitung zur Ehudgeschichte, III, 12—15 zu verweisen. V. 12 ͣ entstammt offenbar ebenso wie v. 12 ᵇ von על כי־עשו את־הרע רג' an der Feder des Verfassers von v. 7—11 und II, 11 ff., des Deuteronomisten; ebenso ist v. 14 wieder ausgesprochen deuteronomistisch. Was dagegen in v. 12 übrig bleibt, ist augenscheinlich von dem Deuteronomisten aufgenommen, wie die Einklammerung durch die Wiederholung des על כי רג' in v. 12 ᵇ beweist; der Deuteronomist sagt in diesem Falle auch nicht ויחזק v. 12 ᵇ, sondern ויחן י' oder וימכר י'. Bestätigt wird diese Bemerkung durch v. 13, der ebenso sehr das Schema des Deuteronomisten unterbricht, wie er sich an den vordeuteronomistischen Bestand von v. 12 anschliesst: man vergl. das אליו in v. 13 und ישראל in v. 12 ᵇ und v. 13, während die deuteronomistische Umgebung בני־ישראל sagt; vergl. dazu auch schon oben S. 7. Es ist demnach kein Zweifel, dass der deuteronomistische Redaktor diese Verse in sein Schema aufgenommen hat. Ferner ist aber ebenso klar, dass diese Verse einem Überarbeiter angehören und nicht dem ursprünglichen Bestand der Quelle v. 15—26; denn wir finden in denselben die durch die Quelle als unhistorisch ausgeschlossene Vorstellung, als ob Eglon von Moab ganz Israel bekriegt und unterdrückt habe. Diese Anschauung stimmt wohl zu der später angefügten Geschichte v. 27 ff., aber nicht zu den historischen Voraussetzungen der Quelle. Auf Grund dieser Bemerkung, die, wie gesagt, ihre vollständige Beweiskraft erst durch die Durchführbarkeit jener Ansicht bei den anderen Richtergeschichten erhält, sind wir berechtigt, einen vordeuteronomistischen Redaktor anzunehmen, welcher schon vor der letzten deuteronomistischen Überarbeitung durch Ausdehnung der erzählten Thatsachen auf ganz Israel dieser vorgearbeitet hat. M. E. sind wir gerade bei der Einleitung zur Ehudgeschichte in der glücklichen Lage, die neuen Zweifel an dem Vorhandensein oder der Nachweisbarkeit einer ersten vordeuteronomistischen Redaktion zurückweisen zu können (vergl. Bertheau S. XXVI, Kittel S. 50). Wir betrachten zunächst

a) Die deuteronomistische Redaktion,

welche die durchgreifendste ist und für die wir die meisten litterarischen Kriterien besitzen; dass wir trotzdem die Grenzen hier und da schwankend lassen müssen, kann bei einer so komplizierten Sache nicht weiter verwundern. Für den deuteronomistischen Redaktor ist II, 6—III, 6 in Anspruch zu nehmen, mit einigen wenigen Ausnahmen in III, 1—3; von ihm stammen auch die folgenden Verse, welche die Geschichte des ersten Richters Othniel ben Kenas erzählen, v. 7—11. In der Ehudgeschichte weist auf diesen Redaktor die Einleitung v. 12—15 a, mit Ausnahme von v. 12 b: ריחוק י׳ אח־עגלן מלך־מואב על־ישראל und v. 13, ebenso der Schluss der Geschichte v. 30 b: ותשקט רג׳. In Kapitel IV zeigt sich seine Hand v. 1—3, vielleicht v. 3 bis רכב־ברזל לו ausgenommen, denn der Schluss dieses Verses והוא לחץ רג׳ ist offenbar ein Nachtrag des Deuteronomisten, welcher, wo er freie Hand hat, immer erst die Zeitangabe bringt und dann das ויצעקו folgen lässt; vergl. III, 8—9, 14—15. Der Abschluss der ganzen Deborahgeschichte, V, 31 b, stammt wieder deutlich von dem deuteronomistischen Überarbeiter. In der Gideongeschichte ist unserem Redaktor zuzuweisen: aus der Einleitung VI, 1. 2 a (zu v. 2 a vergl. III, 10) und die Strafpredigt des unbekannten Propheten, v. 7—10, sowie aus der Berufungsgeschichte vielleicht v. 13 b (vergl. zu נטש in diesem Sinne I. Könige VIII, 57. II. Könige XXI, 14. I. Sam. XII, 22). Sichere Spuren deuteronomistischer Überarbeitung finden sich erst wieder am Schluss der ganzen Erzählung, VIII, 27 b, 28 b, ebenso sind die folgenden Verse bis an das Ende des Kapitels dieser Redaktion zuzuweisen. In der Abimelechgeschichte hat der Deuteronomist vielleicht v. 16 b—19 a eingetragen. In Kap. X hat dieser Redaktor die Einleitung zur Jephtageschichte, v. 6—16, verfasst, welche dasselbe Thema wie die Predigt VI, 7—10 im Dialoge behandelt; auch v. 17 f. stammt von seiner Hand; diese Verse sollen Kapitel XI ebenso einleiten, wie die Schlussverse VIII, 29 ff. das Kapitel IX. Der Schluss der Erzählung von Jephta, XII, 7, ist wieder von dem Deuteronomisten. Bei der Simsongeschichte beschränkt sich seine redaktionelle Thätigkeit auf die Verse XIII, 1, XV, 20 und wohl auch XVI, 31. Die deuteronomistische Redaktion zeigt sich demnach hauptsächlich am Anfang und am Schluss der meisten überlieferten Richtergeschichten. Bei Abimelech vermisst man das gewöhnliche Schema; es fehlt sowohl die einleitende Pragmatik als die Zeitbestimmung, der Verfasser begnügt sich, Kapitel IX einige vorbereitende Bemerkungen vorauszuschicken. Dieser ruchlose Sohn eines frommen Vaters ist ihm offenbar kein echter Richter. In den Simsongeschichten hat der deuteronomistische Redaktor noch am wenigsten eingegriffen; das liegt wohl an der Art dieser Erzählungen. Simson erscheint nicht als Führer von ganz Israel, nicht einmal als Stammesheld, sondern als einsamer Heros, losgelöst vom mütterlichen Boden, der umherschweifend bald hier bald da seine Streiche ausübt, ohne sich um Israel und sein Interesse irgend wie zu kümmern. So kommt es, dass die deuteronomistische Redaktion zwar nicht fehlt, aber sehr dürftig ausgefallen ist; der Deuteronomist vermochte nicht, eine so einzigartige und regellose Gestalt wie Simson zu einem Richter gewöhnlichen Schlages umzuwandeln, deshalb lässt er ihn mit seinen unbegreiflichen Thaten auch nur als Vorgänger von Samuel gelten (XIII, 5).

Die Art dieser deuteronomistischen Redaktion ist schon oft genug geschildert worden. Die einzelnen Richtergeschichten werden zu Ausführungen und Beweisen für den Satz in der grossen Tempelweihrede Salomo's benutzt I. Könige VIII, 33 ff.; »wenn dein Volk geschlagen wird von seinem Feinde, weil sie gegen dich gesündigt haben . . . . . und sich dann bekehren zu dir und deinen Namen preisen, . . . dann erhöre du sie im Himmel und verzeihe deinem Volke Israel seine Sünde . . .«, oder v. 46 ff.: »wenn sie gegen dich sündigen — denn keinen Menschen giebt es, der nicht sündigte — und du ergrimmst gegen sie und giebst sie dahin vor dem Feinde . . . . und sie bekehren sich und flehen zu dir: wir haben gesündigt, wir haben uns vergangen, wir haben Böses gethan . . ., dann erhöre du sie im Himmel, deinem Wohnort, ... und vergieb ihnen ihre Übertretung (lies v. 50 לעגבם anstatt לעמך), mit der sie gegen dich gesündigt haben« u. s. w. Nach diesem

Schema: wo Sünde ist, da ist auch Strafe für die Sünde, und wo Reue über die Sünde ist, da ist auch Errettung aus der Strafe, — wird der Gang der israelitischen Geschichte zurechtgelegt. Es ist ein überaus mechanischer religiöser Pragmatismus: die Menschen, die Völker, die Umstände erscheinen als tote Werkzeuge in der Hand Jahwe's, die Geschichte dient nur dazu, um dem auserwählten Volke die Wahrheit des moralischreligiösen Satzes einzuprägen, dass die Verletzung des ersten Gebotes sofort die schwersten göttlichen Zornesstrafen nach sich zieht; bekennen dann die Israeliten in der Not ihre Sünde, dann kehrt Jahwe die andere Seite seines Wesens, seine Gnade, heraus und hilft den bussfertigen Sündern durch einen Richter, nach dessen Tode die Sache wieder von vorn angeht. Gleichgiltige Zusätze macht dieser Redaktor nirgends; wo er sich länger auslässt, sind es immer Reden über dies Thema, vergl. II, 6—III, 6. VI, 7—10. X, 6—16. Seine »Richter« erscheinen weniger als Kriegshelden, sondern mehr als fromme Leiter und Führer des Volkes im Sinne Jahwe's. Die kriegerische Thätigkeit ist bei ihnen gewissermassen nur eine vorbereitende und einleitende: sie zerbrechen unter Jahwe's Beistande mit einem gewaltigen Schlage das feindliche Joch, und dann folgt eine lange Zeit ungestörter, friedlicher Entwickelung. Nachdem Jahwe durch seine schweren Gerichte die Kinder Israel weich und empfänglich gemacht hat, ist es nun ihre Aufgabe, das Volk in dem rechten Gottesdienste Jahwe's zu erhalten und die eingedrungene Abgötterei vollends auszutreiben; sie sollen das Volk »weisen auf dem guten und geraden Wege«, wie sich der Deuteronomist 1. Sam. XII, 23 ausdrückt. Das gelingt den Richtern auch allemal, II, 18 f., denn ihrer Stimme lauscht ganz Israel: von Königen sind sie nur dadurch unterschieden, dass sie nicht von Menschen erwählt, sondern von Gott gesandt sind; dass es Richter giebt, ist gewissermassen nur ein Notbehelf der Theokratie, — eigentlich brauchte es keiner Richter, wenn das Volk auf Jahwe's Willen und seine Gebote hörte. Die Richter sind von Jahwe frei erwählte Abgesandte Gottes auf Erden, die sein Volk in der Verehrung des wahren Gottes erhalten sollen, sie sind die von Gott gesandten Berater des Volkes besonders in allen geistlichen Angelegenheiten. Sie er-

scheinen als die Erben des Werkes und des Schicksales der
Gottesboten Mose, Aron (I. Sam. XII) und Josua; so lange sie
leben, steht es mit dem geistlichen Leben Israels gut: die
Kinder Israel verehren und dienen Jahwe, wandeln in seinen
Wegen und handeln nach seinen Geboten; deshalb geht es ihnen
auch gut auf Erden, keine Sorge bedrückt sie, und kein Feind
bedrängt sie. Aber diese schönen Zeiten des שקט und der
מנוחה dauern nur so lange, als der geistliche Aufseher und
Leiter am Leben ist; nach seinem Tode hurt das götzen-
dienerische Volk jedesmal wieder fremden Göttern nach. So
wiederholt es sich jedesmal von Mose-Josua bis Samuel: Abfall
des Volkes, Zorn und Strafe Jahwe's, Unterdrückung der
Israeliten, Reue und Busse des Volkes, glänzende Überwindung
der Feinde durch Jahwe's gnädigen Beistand, dann eine Zeit
der Ruhe und des Friedens unter dem von Gott gesandten
Retter und Richter —, das ist der ewige Kreis, in welchem
sich die Geschichte Israels bewegt. Israel ringt sich nicht
unter mannigfaltigen Wechselfällen des Kriegsglückes allmählich
empor, sondern es erhebt sich immer durch eine gewaltige
Gottesthat aus dem tiefsten Elend der Knechtschaft zu dem
höchsten Überwindertriumph des Sieges, um dann nach dem
Tode jedes Richters wieder eben so schnell und plötzlich zu
sinken. In dieser Hinsicht ist besonders lehrreich X, 17—18
in der Jephtageschichte verglichen mit XI, 1 ff. Die Kinder
Israel kommen zusammen, stellen den Jephta an ihre Spitze
und vernichten in einer furchtbaren Schlacht das feindliche
Heer Ammon's, während nach dem ursprünglichen Berichte ein
langes Ringen und Kämpfen jenem Siege vorausgegangen ist.

In diesen religiösen Pragmatismus hat der deuteronomistische
Redaktor ein chronologisches Schema verwoben: bei jedem
Richter giebt er die Zeit an, wie lange Jahwe die abgöttischen
Kinder Israel vor der Erscheinung des Helfers durch Feindesnot
gestraft hat, und wie lange das Land nach der Befreiung von
dem feindlichen Joche unter diesem Richter Ruhe hatte. Dieses
chronologische Schema verweist die deuteronomistische Redaktion
des Richterbuches ungefähr in dieselbe Zeit, in welcher auch
die Bücher der Könige ihre abschliessende deuteronomistische

Überarbeitung empfangen haben, also sicher in das babylonische Exil, wenn nicht an das Ende desselben. Über das Künstliche und Gemachte dieser Chronologie vergl. Nöldeke S. 173 ff. Wellhausen S. 300.

b) Die vordeuteronomische Redaktion.

In der kritischen Betrachtung der Ehudgeschichte III, 15 ff. im ersten Hauptteil der Untersuchung (S. 10 ff.) haben wir die Bemerkung gemacht, dass der ursprüngliche Kern der Geschichte v. 15—27 umfasst; die sich jetzt an dieses Stück anschliessende allgemein gehaltene Erzählung von der Besiegung der verfolgenden Moabiter unter Ehud's Führung passt nicht in den engen Rahmen jener individuellen Episode, sondern ist später hinzugefügt. Von dem Deuteronomisten stammen diese Verse nicht, die etwaigen Anklänge im Sprachgebrauch finden wir zu schwach, um v. 27 ff. diesem Überarbeiter mit genügendem Grunde zuzusprechen, und der offenbar redaktionelle Zusatz von v. 30ᵃ ותכנע מואב ביום ההוא תחת־יד־ישראל, welchen wir bei dem deuteronomistischen Redaktor nie gefunden haben (vergl. Wellhausen S. 219), legt die Vermutung nahe, dass wir es hier mit einem Redaktor, der vor der deuteronomistischen Überarbeitung thätig war, zu thun haben. Halten wir mit dieser Beobachtung die Thatsache zusammen, dass sich in der Einleitung zu dieser Geschichte, welche grossenteils deuteronomistischer Herkunft ist, die deutlichen Spuren einer zweiten früheren Hand nachweisen lassen (vergl. oben S. 54), so werden wir kaum fehl gehen, wenn wir auch v. 27—30ᵃ diesem früheren Überarbeiter zuweisen; wenigstens steht dieser Annahme nichts im Wege, für welche noch die gleiche Anschauung in v. 27—30ᵃ und in v. 12b. v. 13 spricht. Wir nennen diesen Überarbeiter, welcher vor der deuteronomistischen Redaktion thätig war, den vordeuteronomischen Redaktor, aus Gründen, die weiter unten klar werden.

Aus der Einleitung zu der Deborahgeschichte IV, 1 ff. mag v. 3ᵃ von diesem Redaktor stammen, vgl. oben S. 55. Die Geschichte selbst v. 4 ff. hat dem vordeuteronomischen Verfasser bereits vorgelegen, wie aus v. 23 und der Einleitung hervorgeht. Aus der Art der Erzählung und der Sprachfarbe haben wir oben (S. 47.) gefolgert, dass diese Erzählung ziemlich spät verfasst worden ist, also dem vordeuteronomischen Redaktor möglichst nahe gerückt werden muss. Zwischen der Darstellung in der Ehudgeschichte V. 27 ff. und IV, 14 finden sich manche Berührungspunkte. Die Situation ist ganz dieselbe: das Herabsteigen vom Berge, die Führer voran, die Israeliten hinterher, — mit wörtlichen Anklängen, vergl. die Worte der Deborah IV, 14: את־סיסרא בידך ′י נתן mit dem, was Ehud III, 28 sagt: נתן י′ את־איביכם . . בירכם und die Schilderung v. 14b mit III, 27b. Was die Sprache anbetrifft, so bemerke man die Vorliebe des Schriftstellers für den speziellen Gebrauch des ועק IV, 10. 13, wie in VI, 34. 35. VII, 23. 24. XII, 1. 2. Endlich macht die Erzählung in Kapitel IV den Eindruck, als ob sie nicht nur ein prosaischer Kommentar zu dem Liede in Kapitel V sein will (wie etwa Bertheau S. 84 f. meint, vgl. Kuenen I. 2. §. 19. Anm. 3), sondern auch mit Rücksichtnahme auf einen grösseren Zusammenhang verfasst worden ist, das רהיא שפטה ג′ v. 4b und die Worte: ויעלו אליה בני־ישראל למשפט in v. 5b wollen die Deborah offenbar in eine Reihe mit den vorhergehenden und nachfolgenden »Richtern« stellen. Auch begreift man nicht recht, warum der vordeuteronomische Redaktor, wenn ihm der prosaische Bericht mit dem auf denselben folgenden Liede bereits als ein litterarisches Ganzes überliefert worden wäre, seinen doch abschliessenden redaktionellen Zusatz IV, 23 f. nicht ebenso wie der spätere Deuteronomist an den Schluss der ganzen Geschichte gesetzt hat; auf die Stellung derselben Notiz in XI, 33b darf man sich deshalb nicht berufen, weil dieser Zusatz in der Jephtageschichte unmöglich an den Schluss passte. Es ist nicht unwahrscheinlich, dass der vordeuteronomische Redaktor der Verfasser der Geschichte IV, 4 ff. ist.

In der Gideongeschichte VI, 2 – VIII, 28 fand der deuteronomistische Redaktor die beiden Quellen bereits zu einer Erzählung vereinigt, deshalb beschränkt er seine Notizen auf den Anfang und den Schluss der Darstellung. Der Verfasser der harmonistischen Klammer VIII, 10 ist identisch mit dem, welcher die beiden Quellen zusammengearbeitet hat. Der betreffende

Vers (VIII, 10) stammt aber sicher nicht von dem Deuteronomisten, welcher als Feinde Israels nur die Midianiter nennt, sondern, wie die »Söhne des Ostens« beweisen, von dem Verfasser der Einleitungsgeschichte, d. h. von dem vordeuteronomischen Redaktor. Dieser nennt nämlich als Feinde der Israeliten die Midianiter, Amalekiter und Bne Kedem, während der spätere Deuteronomist die beiden letzteren fallen lässt. Dass die Amalekiter und »Söhne des Ostens« nicht erst später eingeschoben sind, wie Budde will, beweist, dass sie in den sicher deuteronomistischen Stellen nie vorkommen, wohl aber in den zusammengehörigen Versen VIII, 10. VII. 12. VI, 33. VI, 3. Der vordeuteronomische Redaktor scheint überhaupt öfters mehrere Feinde Israels genannt zu haben, vergl. III, 13. — Auch die Abfassung von v. 33 f. in Kapitel VI wird auf diesen Redaktor zurückzuführen sein, ebenso mag die Anknüpfung VI, 25 ויהי בלילה ההוא, VII, 9 und das וישכם in VII, 1 auf ihn zurückgehen.

Dieser vordeuteronomische Redaktor hat sich aber nicht damit begnügt, die ihm überlieferten beiden Gideongeschichten neben einander zu stellen und durch den harmonistischen Einschub VIII, 10 die ärgsten Widersprüche zu beseitigen, sondern er scheint auch innerhalb der parallelen Erzählungen selbst Änderungen und Versetzungen vorgenommen zu haben; beweisen lässt sich das z. B. von der Schilderung des Überfalles des midianitischen Lagers: dieses Stück hat der vordeuteronomische Überarbeiter, um der ersten allzu mageren Gideongeschichte etwas mehr ursprüngliche Farbe und Lebendigkeit zu geben, in diese Geschichte, VII, 16—21, versetzt und an seine Stelle VIII, 11b den jetzt dort stehenden kurzen Auszug gesetzt. — Auch sonst zeigt sich in der Wiedergabe und Anordnung der einzelnen Geschichten die umstellende und ändernde Hand des Redaktors: so hat er bei der Zusammenfügung der beiden Gideongeschichten den Anfang der zweiten Erzählung weggelassen; so hat er ferner von der zweiten Berufungsgeschichte Gideon's, VI, 36—40, die ersten Verse gestrichen und derselben eine Stelle nach dem Aufgebot des Heeres, kurz vor dem Kampfe mit den Midianitern eingeräumt; so hat er endlich den Bericht von der Verfertigung des Ephod von VIII, 21 losgerissen und ihn zu einer ganz neuen Geschichte verarbeitet und erweitert, VIII, 22—28. Die die vereinigte Gideongeschichte abschliessende Notiz VIII, 28ᵃ zeigt die deutlichen Spuren des vordeuteronomischen Redaktors, vergl. III, 30. IV, 23.

Die Abimelechgeschichte in Kapitel IX scheint in dem vordeuteronomischen Richterbuche ohne irgend welche Einleitung auf die Erzählung von Gideon gefolgt zu sein; der Inhalt des Kapitels verbot ja auch, Abimelech in eine Reihe mit Ehud, Deborah, Gideon als von Gott gesandten Helfer Israels zu betrachten. Desto mehr hat der vordeuteronomische Überarbeiter innerhalb der Geschichte selbst geändert. Dieser Redaktor hat nämlich die Parabel Jotam's, welche nach der kritischen Analyse später ist, als der ursprüngliche Bestand der Erzählung, aber dem deuteronomistischen Redaktor bereits vorgelegen hat, aufgenommen; auf denjenigen, welcher diese Parabel hinzufügte, geht auch die ganze moralische Betrachtungsweise in dem zweiten Teile dieses Kapitels, der Nachweis der göttlichen Weltordnung in der Geschichte, zurück, vergl. speziell v. 56 f. v. 24. Dieses spezifisch religiöse Interesse unseres Redaktors hat aber noch grössere Verwüstungen angerichtet: die ursprünglich recht menschliche Erzählung von der Entstehung der Feindschaft zwischen Abimelech und den Sichemiten ist gestrichen uud durch das allgemeine, geheimnisvoll klingende:

וישלח אלהים רוח רעה בין אבימלך ובין בעלי־שכם

v. 23ᵃ ersetzt worden. Ebenso gehört v. 22 diesem Redaktor an, wie die unhistorische Vorstellung von Abimelech als König über Israel beweist. Ob die sonstigen Zerstörungen in der Erzählung, das Fehlen der Fortsetzung zu v. 25b und des Berichtes von dem Grunde der Feindschaft zwischen Abimelech und Gaal, sowie die Textverwirrung in der Darstellung von der Eroberung Sichem's v. 34—45 demselben Redaktor zur Last zu legen sei, lässt sich nicht ausmachen.

In der Einleitung zu der Jephtageschichte, X, 6—16, vermag ich keine Spur von dem vordeuteronomischen Redaktor zu entdecken; wie die Philister in v. 7 hinein kommen, kann ich freilich nicht erklären, — aber mit Budde (S. 128) aus den beiden Worten ביד־פלשתים einen ganz neuen Satz zu machen und dann aus diesem Satze wieder weitgehende Folgerungen zu ziehen, erscheint mir doch sehr gewagt. Wahrscheinlich wird man die Philister in v. 7 auf irgend einen Zufall zurückführen müssen, vergl. auch Bertheau S. 180. Ein Zeichen der vordeuteronomischen Redaktion findet sich erst XI, 33 b: ויכנעו בני־עמון מפני־בני־ישראל — vielleicht darf man auch die Zahlenangabe XII, 6b diesem Redaktor zuweisen, vergl. III, 29. VIII, 10.

In den Simsongeschichten Kapitel XIII—XVI fehlt jedes deutliche Zeugnis für die vordeuteronomische Redaktion; weder in der Einleitung, noch am Schluss der Geschichte zeigt sich die Hand des vordeuteronomischen Überarbeiters, und ebensowenig lassen sich die ziemlich unschuldigen Änderungen innerhalb der Erzählung (in den Kapiteln XIII, XIV, XVI) mit einigem Rechte auf ihn zurückführen.

Wie sich aus diesem Überblick über den Umfang der vordeuteronomischen Redaktion ergiebt, hat dieselbe sehr frei und umgestaltend mit der Überlieferung geschaltet. Während der deuteronomistische Redaktor sich gewöhnlich damit begnügt, die ihm vorliegenden Geschichten am Anfang und am Schluss mit seinen leicht erkennbaren Phrasen zu versehen und in den Gang der Erzählung fast nie eingreift, verfährt sein Vorgänger viel gewaltsamer mit dem überlieferten Texte: er fügt ganze Geschichten hinzu (vergl. III, 27 ff. IV, 4 ff. (?)), streicht Berichte, die ihm nicht passen (den Anfang von der Erzählung VIII, 4 ff. sowie die ersten Verse von der zweiten Berufungsgeschichte Gideons VI, 36 ff.), oder verarbeitet dieselben zu einer neuen Geschichte (vergl. VIII, 22 ff.), und versetzt Stücke aus einer Erzählung in die andere (vergl. VII, 16 ff.).

Die Geschichtsauschauung des vordeuteronomischen Redaktors berührt sich in vielen Punkten mit derjenigen des Deuteronomisten. Hier wie dort handelt es sich immer um Gesamtisrael: ganz Israel leidet und schmachtet unter dem Joche der Feinde, ganz Israel erhebt sich und wirft die Bedränger zu Boden. Die Kriegsnot wie die Errettung aus derselben erstreckt sich jedesmal auf alle israelitischen Stämme als Einheit: nicht Benjamin wird von Moabitern bedrängt, sondern Israel, vergl. III, 12 b. 13;

nicht Benjamin besiegt Moab am Jordanflusse, sondern Ephraim oder die »Kinder Israel« und unter die Hand Israels muss sich Moab beugen, III, 30ᵃ, ebenso wie Jabin IV, 23, die Midianiter VIII, 28ᵃ und die Ammoniter XI, 33 b. Damit hängt zusammen, dass die Helden, welche ursprünglich nur ihre Stämme von fremder Knechtschaft befreiten, bei diesem Redaktor zu Führern und Helfern ganz Israels werden: vergl. besonders Ehud, Deborah, Gideon. Auch etwas von einer religiösen Betrachtungsweise findet sich bei dem vordeuteronomischen Redaktor: Jahwe lässt die Feinde die Übermacht gewinnen über sein Volk, aber wenn es zu arg wird, dann hilft er den »schreienden« Israeliten durch einen Helden und giebt ihnen ihre Feinde in die Hand; von Jahwe kommt alles, Niederlage und Bedrückung, Sieg und Übermacht. Dass der vordeuteronomische Überarbeiter diese gottgesandten Retter des Volkes auch als מושיעים bezeichnet hat, ist wahrscheinlich; aber in der Anschauung von diesen »Richtern«, wie der technische Ausdruck des Deuteronomisten lautet, besteht zwischen dem vordeuteronomischen Redaktor und dem späteren Überarbeiter ein grosser Unterschied. Nach der Ansicht unseres Redaktors sendet Jahwe, wenn die Not am grössten ist, den um Hilfe rufenden Israeliten einen Retter, der an die Spitze des bedrückten Volkes tritt und es mit Gottes Hilfe aus dem Joche der Feinde befreit. Wenn die Feinde niedergeworfen sind, legt der von Gott berufene Helfer seinen Oberbefehl nieder und kehrt unter das Volk, an den Pflug zurück: seine Mission ist zu Ende, das befreite Israel bedarf seiner nicht mehr; seine hervorragende, einzigartige Stellung dauert nur so lange, wie sein Volk ihn braucht. Wenn Israel über seine Feinde obgesiegt hat, dann verschwindet jedes Interesse des Redaktors an seinem Helden. Was weiter aus ihm wird, wo er gestorben und begraben ist u. s. w. — kümmert ihn nicht mehr. Einen ganz anderen Wert haben gerade die Personen der Richter für den deuteronomistischen Redaktor: er berichtet ganz genau, wie lange die Retter Israels nach ihrer Befreiungsthat das Volk noch »gerichtet« haben, ja dies ist ihm offenbar die Hauptsache. Die That der Erlösung der Kinder Israel aus feindlicher Knechtschaft kommt gewissermassen nur als Einleitung zu der langen, friedlichen Zeit der »Ruhe«, in welcher die Richter das Volk in den Wegen Jahwe's leiten, in Betracht. Für ihn haben die Persönlichkeiten der einzelnen Richter an sich, abgesehen von ihrem kriegerischen Nutzen für Israel, eine Bedeutung, sie erscheinen mit ihren Regierungsangaben u. s. w. gleichsam als die Schatten, welche die nachfolgenden Könige vorwegwerfen. — Ein zweiter, tiefgreifender Unterschied zwischen dem vordeuteronomischen Redaktor und dem Deuteronomisten besteht ferner in der Begründung und Beurteilung der Kriegsnot. Der vordeuteronomische Überarbeiter reflektiert nirgends über den Grund, weshalb wohl Jahwe die feindliche Bedrückung über sein Volk schickt, obgleich er gelegentlich einer moralistischen Geschichtsbetrachtung nicht so fern steht (vergl. Kapitel IX). Bei ihm kommt zwar auch Sieg und Niederlage von Jahwe, aber eine bestimmte Sünde, wie etwa die grosse Volkssünde des Götzendienstes, erscheint bei ihm nirgends als Grund der Bedrückung Israels durch die Nachbarvölker. Ebensowenig macht er den Sieg von dem reumütigen Bussbekenntnis der sündigen Kinder Israel abhängig: »wir haben gesündigt«. vergl. X, 10; der Inhalt des »Schreiens« der Israeliten zu Jahwe ist vielmehr die Bitte: »hilf uns«, — alles erscheint gewirkt und gewaltet von einer unbegreiflichen, daher wunderbaren göttlichen Willkür. Wellhausen (S. 219) hat richtig vermutet: »In der früheren Gestalt des Richterbuches scheint »die Sünde als Ursache der Kalamität noch nicht hervorgehoben »— — — zu sein«.

Unter den sprachlichen Eigentümlichkeiten des vordeuteronomischen Redaktors sind bemerkenswert: der einst vielleicht durchgehende, jetzt oft durchbrochene Gebrauch von אלהים oder האלהים, vergl. IV, 23. IX, 23 ª. 56. 57; ebenso schrieb dieser Überarbeiter gewöhnlich ישראל oder איש־ישראל (אפרים א׳), vergl. III, 12 b. 13. IX, 22 u. s. w. und VII, 14. 23. 24. VIII, 1. 22. IX, 55; man beachte ferner das regelmässige ויבנער (resp. ותבנע, einmal ויבנע אלהים), das häufige ויצעק oder יזעק IV, 10. 13. VI, 34. 35. VII, 24. 24. XII, 1. 2 und schliesslich den öfteren Gebrauch von ש. = אשר V, 7b (VI, 17 b) VII, 12. VIII, 26.

Für die Zeitbestimmung dieses vordeuteromischen Redaktors kommen demnach folgende Hauptmomente in Betracht:
1) Die Verallgemeinerung der Leiden und Thaten einzelner Stämme auf ganz Israel, — der Verfasser der betreffenden Notizen hat offenbar in einer Zeit gelebt, wo die bunte Mannigfaltigkeit der einzelnen Stämme schon längst in den grossen Allgemeinbegriff »Israel« aufgegangen war;
2) Die Thatsache, dass offenbar späte Stücke, wie z. B. IV, 4 ff. (oder XII, 1 ff.), welche eine bereits an die Redeweise des Deuteronomiums erinnernde Sprachfarbe tragen, schon von diesem Redaktor überarbeitet oder vielleicht verfasst worden sind.

Daraus würde folgen, dass der vordeuteronomische Redaktor etwa ein paar Dezennien vor der Abfassung des Deuteronomiums gelebt und geschrieben hat. Jedenfalls ergiebt sich aus Punkt 2), dass dieser Überarbeiter nicht allzu weit von dem Deuteronomium abgerückt werden darf; nur die Nähe dieses Buches erklärt die mannigfachen Berührungen, welche die beiden Redaktoren hauptsächlich im Geiste, auch in der Sprache (vergl. עצם resp. ועק, בנע, "ביד–ם כהן), mit einander haben. Andrerseits weist jedes Fehlen der Auffassung von der Bedrängnis der Israeliten als Strafe Jahwe's für ihre Abgötterei diesen Redaktor mit Notwendigkeit in die Zeit vor das Erscheinen des Deuteronomiums, durch das jene Vorstellung eine alles beherrschende Macht wurde, welcher sich am wenigsten ein Schriftsteller entziehen konnte.

c) Die sechs kleinen Richter.

Die Namen der sechs kleinen Richter sind:
1) Samgar ben Anath, III, 31; über das Unhistorische des von ihm Berichteten ist bereits früher gesprochen worden, vergl. S. 8 f. und Nöldeke S. 180. Er wird im Deborahliede V, 6 erwähnt, neben der Jael, und da er dort zur Zeitbestimmung dient, muss er wohl ein angesehener und bekannter Mann gewesen sein.

2) Thola ben Pua X, 1 ff. ist nach Gen. XLVI, 13 ein Sohn, d. h. ein Geschlecht Issaschar's, Num. XXVI, 23, ebenso wie der dort und I. Chron. VII, 1 als sein Bruder genannte פוה.

3) Jair aus Gilead X, 3 ff. bezeichnet ebenso wie der vorhergehende Thola ein Geschlecht und zwar in Gilead, jenseits des Jordans, wo nach Num. XXXII, 41. Deuter. III, 14. 1. Könige IV, 13. 1. Chron. II, 21 ff. die חות־יאיר liegen. Über die Erklärung der dreissig Esel (עֲיָרִים = עָרִים) vergl. Wellhausen S. 218 Anm.

4) Ibzan aus Bethlehem XII, 8—10; ein solcher Ibzan ist sonst nicht bekannt. LXX hat Εσεβων d. h. אֶצְבָּן (oder אִצְבָּן) und diesen Namen treffen wir öfter an; das benjaminitische Geschlecht אצבן in 1. Chron. VII, 7 kann trotz des בית־לחם sehr gut zu unserem »Richter« passen. Die dreissig Söhne, denen er von aussen Weiber holt, und die dreissig Töchter, die er nach auswärts verheiratet, sollen wohl andeuten, dass dieses Geschlecht sich mit anderen vermischt hat.

5) Elon aus Sebulon XII, 11 ist ebenfalls ein sebulonisches Geschlecht nach Gen. XLVI, 14. Num. XXVI, 26, worauf schon der mit der bekannten Stadt gleichlautende Name deutet.

6) Abdon bel Hillel aus Piraton XII, 13. Der Name kommt als Geschlechtsname öfters vor, z. B. 1. Chron. VIII; über diesen Abdon wissen wir nichts. Doch ist es bei der Gleichartigkeit des von ihm Berichteten mit den Angaben über die früheren Richter ziemlich sicher, dass er ebenso wie jene ein Geschlecht bezeichnet.

Von einem geschichtlichen Werte der Berichte dieser Notizen kann nach dem eben Bemerkten keine Rede sein; der Verfasser kennt diese »Richter« mit ihren der spätesten Überlieferung angehörigen Namen nicht als Personen, sondern als Geschlechter, die er zu seinem Zwecke künstlich zu Personen verdichtet und zurückbildet, vergl. Nöldeke S. 180 ff. Abgesehen von den Namen und den Geschlechtern der betreffenden Richter weiss der Verfasser nur von dem ersten seiner Helden, Samgar ben Anath, eine kriegerische That gegen einen konkreten Feind zu berichten — und diese ist sicher unhistorisch.

Neben dieser Kärglichkeit des Inhaltes haben die Notizen über die kleinen Richter das mit einander gemein, dass sie alle ausserhalb des religiösen Schemas des Deuteronomisten stehen:

es ist keine Rede von Abfall des Volkes, Zorn und Züchtigung Jahwe's, Bekehrung der Kinder Israel und Errettung aus Feindesnot. Der Verfasser begnügt sich gewöhnlich mit der trockenen Aufzählung: nach dem und dem stand N. N. auf — folgen genealogische Nachrichten — und er richtete Israel . . Jahre; und es starb N. N. und er wurde begraben in ..... Die abweichende Anordnung bei dem Gileaditen Jair X, 3 f. wird nach XII, 8 f. und v. 13 ff. zu ändern sein. Aus diesem von dem deuteronomistischen ganz abweichenden Schema und aus der Thatsache, dass der von dem Deuteronomisten verworfene Abimelech als Richter mitgezählt wird (X, 1) ergiebt sich, dass der deuteronomistische Redaktor nicht der Verfasser jener Notizen sein kann, und weiter folgt aus der Thatsache, dass sich anerkanntermassen keine Spur deuteronomistischer Redaktion in diesen Nachrichten aufweisen lässt, dass die betreffenden Verse nach derselben eingetragen sind. Von einer anderen Seite her hat Wellhausen (S. 216 f. vergl. auch Nachträge S. 356 und Prolegg. S. 237 f.) für eben diese Annahme den Beweis erbracht. Es lässt sich nämlich wahrscheinlich machen, dass der Verfasser jener Verse durch seine Richter, welche zusammen gerade so viel Jahre regieren, als die Zeiten der Fremdherrschaft in dem deuteronomistischen Schema ausmachen, jene Interregna ausfüllen wollte; zugleich wirkte gewiss die Tendenz mit, gerade zwölf Richter, entsprechend den zwölf Stämmen Israels, herauszubringen.

Unter diesen sechs kleinen Richtern nimmt der erste, Samgar ben Anath, wieder eine abgesonderte Stellung ein. Die Notiz über ihn beginnt nicht mit dem gewöhnlichen ויקם oder וישפט, sondern mit ואחריו היה III, 31; von seinem Geschlechte erfahren wir Nichts, während diese Mitteilung bei den fünf andern Richtern den grössten Raum einnimmt, dagegen wird uns von ihm im Unterschiede von den anderen Richtern eine Kriegsthat berichtet mit dem ausdrücklichen Zusatze, dass auch er Israel geholfen habe. Die Länge seiner Regierungsdauer wird nicht angegeben, ebenso fehlt die Nachricht über seinen Tod und seinen Begräbnisort. Wenn also die Notiz über Samgar auch Manches mit den Berichten über die kleinen Richter gegen die grossen Richter der deuteronomistischen Redaktion gemeinsam hat, so kann sie aus den angeführten Gründen doch nicht von demselben Verfasser wie jene stammen. Die Sache wird sich wohl so erklären, wie Stade (Z. A. W. 1881 S. 239 f.) sagt: Der Verfasser der fünf kleinen Richter rechnete Abimelech nach X, 1 mit zu den Richtern; er zählte also sieben grosse und fünf kleine Richter. Eine spätere Hand entfernte wieder den unwürdigen Abimelech aus der Reihe der Richter und füllte seinen Platz mit dem sonst unbekannten Samgar (aus V, 6) aus. Da aber die Regierungszeit schon unter die übrigen Richter verteilt war, ging Samgar in dieser Beziehung leer aus und erhielt nun etwas Volumen durch die von ihm berichtete Kriegsthat gegen die Philister. Dass dieser nachdeuteronomistische Verfasser der fünf resp. sechs kleinen Richter, abgesehen von ihrer Hinzufügung, redaktorisch in das ihm vorliegende deuteronomistische Geschichtswerk eingegriffen habe, ist nicht wahrscheinlich, lässt sich wenigstens nicht beweisen. Stade a. a. O. vermutet, der Verfasser der Notiz III, 31, welcher den Abimelech aus dem Kreise der Richter wieder entfernte, möge dies durch VIII, 33—35 gethan haben; ein Grund zu einer solchen Annahme liegt indessen nicht vor, denn die Sprache der betreffenden Verse ist gut deuteronomistisch.

III.
Zusammenfassung der Ergebnisse.

1) Die Erzählungen von den Stammeshelden Ehud von Benjamin und von Deborah, von Gideon aus Ophra und dem Gileaditen Jephta und von Simson aus Dan, die gewiss in verschiedenen Zeiten und in verschiedenen Gegenden entstanden sind, kursierten seit alten Zeiten als Sagen im Munde des Volkes. Einige dieser Stammessagen, wie der Bericht über die Heldenthat Ehud's, die Geschichte von Gideon — Abimelech und die Erzählungen von Simson mögen schon frühe niedergeschrieben und schliesslich von derselben Hand mit den anderen Erzählungen zusammengestellt worden sein, — vergl. die

schon oft bemerkte Ahnlichkeit zwischen der Berufung Gideon's VI, 11 ff, und der Verkündigung Simson's XIII, 2 ff. Sicher ist wenigstens, dass die betreffenden Erzählungen dem ersten Redaktor bereits als geschriebene Berichte vorlagen.

2) Die ersten deutlich erkennbaren und nachweisbaren Spuren einer redaktionellen Überarbeitung der ihm vorliegenden Erzählungen unter einem bestimmten Gesichtspunkte hat der Redaktor hinterlassen, den wir den vordeuteronomischen genannt haben. Er formte den überlieferten Stoff der alten Stammessagen in freier Weise nach den Gedanken um, die nicht allzulange vor dem Erscheinen des Gesetzes Josia's seine Zeit beherrschten. Als er seine Redaktion, die in allen Richtergeschichten, die Sagen von Simson vielleicht ausgenommen, erkennbar ist, beendigt hatte, war aus der Zusammenstellung der einzelnen Berichte ein einheitliches Werk mit bestimmtem, geistigen Gepräge geworden.

Durch diese litterarische That des vordeuteronomischen Redaktors war ein fester Kern der Überlieferung geschaffen und vor den tiefgreifendsten Umänderungen der mündlichen Tradition sicher gestellt, ohne jeder weiteren Entwicklung entnommen zu sein. Im Einzelnen, im Kleinen und auch im Grossen mag fort und fort geändert, Altes und der Denkweise der Leser nicht Entsprechendes gestrichen, Neues nach dem Geschmacke der Zeit hinzugefügt worden sein (VII, 2—8; VI, 25—32?). Aber diese Weiterbildung der Erzählungen war mit der schriftlichen Fixierung und Redaktion der Berichte in ganz andere Bahnen gelenkt worden, sie ging jetzt nicht mehr so sehr vom Volke aus, wie von dem gelehrten Leser.

3) Die schon bei dem vordeuteronomischen Redaktor hervortretende, specifisch religiös-nationale Betrachtungsweise der Geschichte bildete sich währenddem immer entschiedener zu einem religiösen Pragmatismus aus. Das Produkt dieser Entwicklung erschien c. 622 in dem Deuteronomium. Der ungeheure Eindruck, den dieses wunderbare Werk, auf eine geheimnisvolle Weise gefunden, auf das damalige Juda ausübte, geht noch aus dem deuteronomistischen Berichte II Könige XXII. 3 ff. deutlich hervor. Die Zeit war erfüllt. Der Begriff der

eigentlichen Volkssünde als Abfall von Jahwe zu fremden Göttern wurde in dem Deuteromonium zwar nicht zum ersten Male ausgesprochen, wohl aber zum ersten Male in einer Zeit, die für die Aufnahme und das Verständnis desselben reif war, im Namen eines Mannes, dessen Ansehen als Gesetzgeber allgewaltig war, mit dem furchtbarsten Ernste geltend gemacht. Jetzt wusste man, woher der jähe Untergang des Bruderreiches, woher die politische Not nach aussen und das soziale Elend im eigenen Lande. Es war, als ob die Decke von den Augen der Übriggebliebenen weggezogen würde; in Hunger und Pest, in Fehlgeburt und Getreidebrand, in Krieg und Feindesnot, kurz in jeder allgemeinen Kalamität sah das erwachte Gewissen die rächende Hand Jahwe's für den sündigen Abfall seines Volkes, Deuter. XXVIII, 15 ff. Dass alles Bedeutende, was das Volk betrifft, von Jahwe komme, davon war auch die ältere Zeit überzeugt; aber man forschte nicht ängstlich nach einem Grunde, denn man war sich keiner besonderen »Sünde« bewusst und da man kein bestimmtes Regulativ für das göttliche Handeln kannte, betrachtete man Alles als Äusserung der dem Menschen unverständlichen göttlichen Willkür. Jetzt, wo man Jahwe's Wort und Willen geschrieben vor sich hatte, wusste man, dass jene Unglücksfälle der Gegenwart und Vergangenheit nichts Zufälliges waren. Diese Betrachtungsweise, auf die Vergangenheit angewandt, war ausserordentlich fruchtbar und ergab zugleich bei allem Unglück einen gewissen dem Selbstgefühle des Volkes Gottes schmeichelnden und es bestärkenden traurigen Ruhm. Von diesem Standpunkte aus, der sich unter den Erfahrungen des Exils noch verschärfte, überarbeitete der deuteronomistische Redaktor in Exil das von seinem vordeuteronomischen Vorgänger geschaffene und in der Folgezeit mannigfach erweiterte und veränderte Richterbuch. Durch Wiederholung der letzten Verse des Buches Josua gab er seinem Werke einen selbständigen Anfang; daran schloss sich das religiöse Schema, nach dem die Geschichte verlaufen soll. Vor alle folgenden Richter des ihm überlieferten Richterbuches stellte er als Muster den Judäer Othniel, so dass er sechs Richter zählte: 1) Othniel, 2) Ehud, 3) Deborah, 4) Gideon, 5) Jephta, 6) Simson; Abimelech, den anmassenden und gottlosen Sohn Gideons, rechnet der Deuteronomist nicht zu den Richtern, ohne aber deshalb die Erzählung von seinem Schicksal zu streichen. Dass dieser Redaktor bei seiner Überarbeitung die Spuren seines ihm verwandten Vorgängers hier und da verwischte, z. B. das ursprüngliche אלהים oft in יהוה oder ישראל in בני־ישראל verwandelte, ist naheliegend.

4) Das deuteronomistische Richterbuch war fertig und die litterarische Entwicklung erstarrte allmähiich; schwerlich werden nach der deuteronomistischen Redaktion noch tiefgreifende Änderungen an dem durch jene religiöse Überarbeitung ehrwürdigen, erbaulichen Buche vorgenommen worden sein. Nur fand ein späterer, d. h. wohl nachexilischer Leser, dass die siebzig Jahre Interregna, welche der deuteronomistische Redaktor im Interesse seines religiösen Pragmatismus als Zeiten der Züchtigung von einem Richter zum andern leergelassen hatte, besser ausgefüllt werden könnten. So setzte er denn noch fünf kleine Richter hinzu, unter die er jene siebzig Jahre als Regierungszeiten verteilte, und machte den Abimelech zu einem vollbürtigen Richter, so dass man jetzt, entsprechend der kanonischen Zahl der zwölf Stämme Israels, zwölf Richter zählte. Hierdurch bebekam auch die Richterzeit, ebenso wie die Königszeit, eine fortlaufende, ununterbrochene Tradition. Eine noch spätere Hand schied Abimelech wieder aus, ersetzte ihn durch den aus dem Deborahliede V. 6 herbeigeholten Samgar und fügte damit den letzten Stein zu dem litterarischen Aufbau des uns vorliegenden deuteronomischen Richterbuches.

Nachtrag.

Was oben S. 51 über das „tragische Schicksal" Simson's gesagt ist, ist zu modern gefühlig. Der Geist, der diese Sagen geboren hat, ist durchaus kein sentimentaler. Der Verfasser erzählt nicht mit Schwermut und Wehmut, sondern mit Lust und Liebe von seinem Helden, aber auch ohne grosse Hintergedanken; diese Hintergedanken nationaler und religiöser Art sind erst durch die Redaktion nebeneingekommen. Der ursprüngliche Erzähler ist auch in dieser Hinsicht ganz harmlos: er ebensowenig wie Simson zeigt eine Spur von patriotischem Hasse gegen den Erbfeind; wozu brauchte sonst die Feindschaft Simson's mit den Philistern noch besonders motiviert zu werden?